# 3 MINUTES
# POUR COMPRENDRE
# LES 50 PLUS GRANDES
# THEORIES
# ECONOMIQUES

# 3 MINUTES POUR COMPRENDRE LES 50 PLUS GRANDES THEORIES ECONOMIQUES

Rédacteur :

Adam Fishwick
Christakis Georgiou
Katie Huston
Aurélie Maréchal

Donald Marron

Le Courrier du Livre
29, rue de Condé
75006 Paris

Dans la même collection :

3 minutes pour comprendre les 50 plus grandes théories scientifiques
3 minutes pour comprendre les 50 plus grandes théories philosophiques

Titre original : *30-Second Economics*



Traduit de l'anglais
par Marie-Noëlle Antolin

ISBN : 978-2-7029-0898-3

www.editions-tredaniel.com
info@guytredaniel.fr

# SOMMAIRE

# INTRODUCTION

Donald Marron

L'économie se veut la physique des sciences sociales. Les physiciens examinent la manière dont les forces naturelles fondamentales façonnent toute chose, depuis le mouvement de la plus minuscule particule subatomique jusqu'aux orbites des plus gigantesques corps célestes. Les économistes étudient la manière dont les forces sociales fondamentales expliquent toute chose, depuis le prix du pain au supermarché du coin jusqu'à la différence de prospérité entre les États-Unis et le Zimbabwe.

Le but de ce livre est de dévoiler que, si les économistes ont du succès, ils ne seront jamais des physiciens. Depuis deux siècles, ils ont développé une foule de théories (dont la plupart sont décrites dans les pages qui suivent) pour expliquer comment les marchés fonctionnent et parfois s'écroulent, comment les consommateurs, travailleurs, chefs d'entreprise et politiciens prennent leurs décisions et pourquoi l'économie croît ou stagne.

Ces théories connaissent toutefois des limites, car les humains sont moins prévisibles que les particules et les planètes. L'économie est complexe (un peu comme les écosystèmes) et la compréhension de ses rouages nous fait parfois gravement défaut ; notre incapacité quasi universelle à déceler la pire crise financière de ces huit dernières décennies en est, hélas, une parfaite illustration.

La science économique est donc en pleine évolution, et elle pourrait bien tendre vers la biologie plutôt que vers la physique. Mais ce n'est pas uniquement une science. De nombreux économistes, dont je fais partie, croient que leurs visions sur le fonctionnement du monde ont des implications sur la façon dont celui-ci devrait effectivement marcher. En fin de compte, les théories scientifiques de l'économie se mêlent à celles de la politique de la société active.

Les deux ensembles de théories ont un grand impact. « Les idées des philosophes de l'économie et de la politique, qu'ils aient raison ou tort, sont plus puissantes que nous ne le croyons souvent, disait John Maynard Keynes. En fait, le monde n'est pas dirigé par autre chose. Les hommes au sens pratique, qui se croient à peu près exempts de toute influence intellectuelle, sont souvent les esclaves de quelque économiste défunt. »

La majeure partie des cinquante théories les plus connues est effectivement due à des personnes aujourd'hui disparues, du moins dans le sens biologique du terme (Keynes lui-même d'ailleurs). Mais leurs idées, quant à elles, restent en vigueur. Cependant, ainsi que le faisait remarquer Keynes, les plus connues ne sont pas forcément les meilleures. Il s'en trouve donc, parmi ces importantes théories, certaines qui sont probablement fausses, malgré leur influence. Voyez si vous saurez les trouver.

Chaque théorie résumée en 30 secondes est accompagnée d'un Condensé en 3 secondes pour les plus pressés d'entre vous, et d'une Réflexion en 3 minutes pour ceux qui souhaitent creuser un peu la question. Le premier groupe, **Écoles de pensée,** examine les forces à grande échelle – marchés, inertie, histoire – qui déterminent la manière dont fonctionne de nos jours la macroéconomie. Dans le deuxième, vous découvrirez comment se structurent les **Systèmes économiques** – avec une confiance plus ou moins grande dans les marchés – et les façons d'améliorer une économie en difficulté. Dans le chapitre **Cycles économiques,** nous étudions les facteurs déclencheurs des variations et le rôle possible du gouvernement pour les atténuer. **Croissance** examine la manière dont capital, travail, ressources, idées et institutions sociales interagissent de leur mieux pour favoriser la prospérité. **Commerce international** élargit notre horizon pour montrer comment circulent les produits et les capitaux entre les différents pays. **Choix** scrute nos cerveaux pour découvrir comment les gens prennent leurs décisions sur les marchés, à domicile et dans la sphère publique. Le chapitre **Budgets et taxes** examine les effets parfois surprenants des taxes gouvernementales et des politiques budgétaires. Enfin, le dernier dévoile la remarquable puissance des **Marchés,** depuis le miracle de la main invisible jusqu'à la tragédie des biens communs. Chaque chapitre présente un rapide profil de l'un des plus éminents économistes, d'Adam Smith à John Maynard Keynes et Milton Friedman.

Comment allez-vous utiliser ce livre ? Vous pouvez picorer les essais individuels sur double page, mais, comme devant un paquet de chips, vous n'allez probablement pas résister au plaisir de les dévorer les uns après les autres. Bonne lecture

# ÉCOLES DE PENSÉE

## Écoles de pensée
Glossaire

**attentes rationnelles** Affirmation, commune à de nombreux modèles économiques, selon laquelle les particuliers et les entreprises prennent leurs décisions en évaluant rationnellement la probabilité de résultats possibles et les coûts ou bénéfices de leurs choix. Cette théorie est utile mais peut s'avérer trompeuse, parce que les gens ne sont pas toujours ni raisonnables ni prévoyants quand ils prennent des décisions.

**demande agrégée** Demande totale en biens et services au sein d'une économie à un certain moment. Le gouvernement peut l'influencer par sa politique monétaire (contrôle des sommes en circulation dans le pays) et/ou par sa politique fiscale (augmentation/diminution du montant des dépenses publiques).

**keynésianisme** École de pensée créée par l'économiste britannique John Maynard Keynes dans les années 1930. Contrairement à la plupart de ses collègues de l'époque, qui croyaient que les résultats les plus efficaces étaient produits par les seuls mécanismes du marché, il pensait que celui-ci devait être tempéré par l'intervention du gouvernement. Il préconisait l'utilisation de politiques fiscales contracycliques, au moyen desquelles le gouvernement insuffle de l'argent dans l'économie quand les temps sont difficiles et réduit ses dépenses quand tout va bien.

**loi de l'offre et de la demande** Modèle fondamental de l'économie de marché, stipulant que plus la demande pour un produit s'accroît, plus son prix augmente jusqu'au jour où l'offre dépasse la demande. C'est alors que le prix commence à baisser, jusqu'à ce qu'un équilibre soit atteint entre la quantité produite et le prix.

**non-intervention** Approche économique qui préconise un minimum d'intervention gouvernementale. Les partisans de cette théorie croient que le libre-échange obtient les résultats les plus efficaces et que les régulations du gouvernement en dénaturent la réalité et mènent à l'inefficacité.

**politique de relance** Utilisation de la politique gouvernementale pour revigorer une économie en berne. Cela prend souvent la forme de dépenses de travaux publics et/ou de suspension des taxes. Les critiques disent que cela dénature le marché et désavantage l'entreprise privée.

**politique fiscale** Manière dont un gouvernement utilise les dépenses publiques et les impôts pour influer sur la performance économique de son pays. Il peut choisir de taxer davantage et d'investir dans la sécurité sociale et les services publics comme les routes et les hôpitaux afin de créer de l'emploi et d'augmenter les salaires. Il peut au contraire décider de réduire les dépenses publiques pour diminuer les impôts, afin que le peuple ait tout simplement plus d'argent à dépenser. Ce qu'on gagne d'une main, on le perd de l'autre !

**politique monétaire** Manière dont un gouvernement utilise les réserves de monnaie – ou plus particulièrement, les taux d'intérêt – pour influer sur la performance économique du pays. En général, baisser les taux d'intérêt tend à accroître la quantité d'argent en circulation, ce qui peut stimuler l'économie lors d'une récession ; les taux élevés ont tendance à réduire les réserves de monnaie et peuvent s'utiliser pour diminuer l'inflation.

**valeur d'échange** Valeur théorique à laquelle un produit ou un service peut être échangé – à l'opposé de sa valeur réelle qui est son prix. La valeur d'échange d'une marchandise peut se décrire comme quantitative, contrairement à la valeur d'usage qui est qualitative.

**valeur d'usage** Utilité d'une marchandise dans la société, mesurée par le besoin ou l'envie qu'a le public de l'objet en question. L'exemple classique est le diamant, qui n'a pas une grande utilité en tant que tel et possède néanmoins une valeur d'usage très élevée dans bon nombre de sociétés modernes. Cette valeur peut se décrire comme qualitative, contrairement à la valeur d'échange qui est quantitative.

# L'ÉCONOMIE CLASSIQUE

## Théorie en 30 secondes

**CONDENSÉ EN 3 SECONDES**
Les rapides ajustements du marché assurent équilibre, stabilité et prospérité.

**RÉFLEXION EN 3 MINUTES**
Cette école de pensée met en avant la capacité des marchés à s'ajuster aux chocs économiques. Cependant, des crises périodiques remettent en question la rapidité de cette adaptation. Elles mettent en lumière un grand potentiel de déséquilibre, pas de stabilité. Comment l'école de pensée classique prend-elle en compte ces problèmes et quelles solutions suggère-t-elle ? Le marché peut-il à lui seul maintenir l'équilibre, la stabilité et la prospérité, ou l'intervention du gouvernement est-il une nécessité ?

Économiste du XVIIIe siècle, Adam Smith écrivait que le fonctionnement naturel du marché assurerait toujours stabilité et prospérité. Selon lui, cela procurait un moyen d'épanouissement pour le penchant humain à « troquer, marchander et négocier », tandis que « la main invisible » conciliait ces trois activités pour maintenir l'équilibre. En rapprochant toutes les transactions opérées par les particuliers, le marché rassemble également leurs réponses rationnelles dans les moments de crise. Par définition, il réagit rapidement aux chocs sans nécessiter d'intervention de l'État. Les politiques gouvernementales de relance, en gonflant artificiellement les gains pendant les crises pour soutenir temporairement la stabilité, ne font que restreindre sa capacité à retrouver un nouvel équilibre. De telles politiques se font aux dépens du contribuable et ne servent qu'à repousser les problèmes vers le futur. Robert Lucas Jr. a récemment développé ce genre de point de vue au sujet de l'impact de la politique économique. Il explique que les « attentes rationnelles » des gens envers une politique spécifique affectent la manière dont ils réagissent et ainsi déterminent l'impact de cette politique, car elle ne peut influencer les réactions individuelles. Seul un gouvernement dont la crédibilité est suffisamment forte peut modifier le comportement des gens pour contrer ce que provoquent les ajustements du marché.

**THÉORIES LIÉES**
Voir aussi
LA SYNTHÈSE NÉOCLASSIQUE
page 20
L'ÉCONOMIE KEYNÉSIENNE (NORMATIVE)
page 46
LA MAIN INVISIBLE
page 136

**BIOGRAPHIES EN 3 SECONDES**
ADAM SMITH
1723–1790

ROBERT LUCAS JR.
1937–

**TEXTE EN 30 SECONDES**
Adam Fishwick

***« Au milieu de toutes les exactions du gouvernement, le capital s'est silencieusement et graduellement accumulé grâce à la frugalité privée et à la bonne conduite des particuliers, par l'effort universel, continuel et ininterrompu qu'ils ont fourni pour améliorer leur condition. »***

**ADAM SMITH**

*> Laissez le marché se débrouiller et il trouvera tout naturellement un point d'équilibre qui sera porteur de stabilité et de prospérité.*

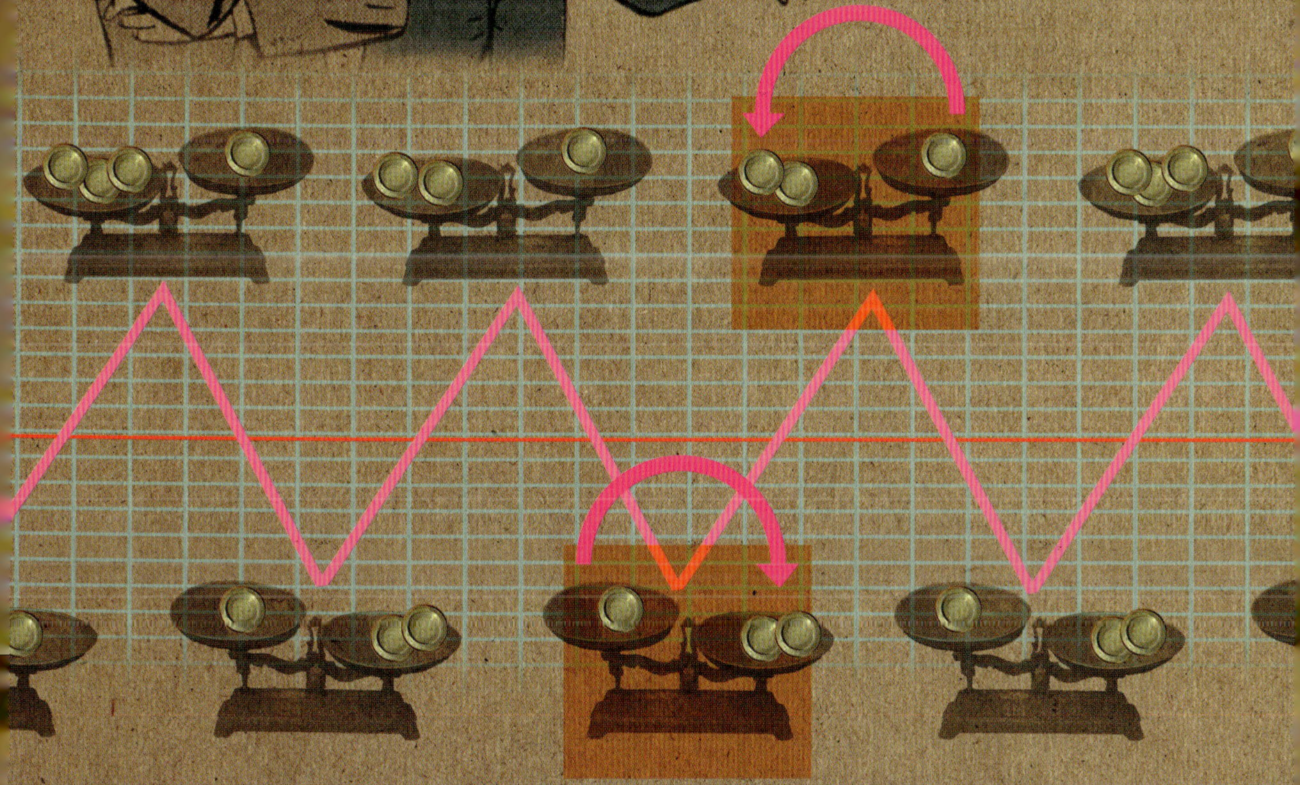

# LE MARXISME

## Théorie en 30 secondes

Écrivant dans l'ombre de la révolution industrielle du XIXe siècle, Marx cherchait à démêler les fils du capitalisme moderne. Il affirmait que chaque marchandise – objet produit pour la vente – possédait à la fois une valeur d'usage et une valeur d'échange. Par exemple, une chaise a en même temps une utilité (elle offre une place confortable pour lire ce livre), et une valeur monétaire (elle coûte plus cher que vous ne le pensiez en entrant dans le magasin). Marx utilisait cette vision pour montrer que le travail était lui aussi une marchandise constitutive de la croissance du capitalisme. La valeur d'usage du travailleur est sa capacité à produire des objets et il est en retour pourvu d'une valeur d'échange équitable, ou salaire, lui permettant de subvenir à ses besoins fondamentaux. Cependant, lorsque la valeur d'usage de l'ouvrier s'ajoute à celle des machines appartenant à l'employeur, les marchandises produites valent davantage que la valeur d'échange du travail humain ; un surplus est alors généré, que le patron conserve en tant que profit – c'est, selon Marx, de l'« exploitation ». Ce profit fournit alors les moyens d'accroître et d'élargir le capitalisme qui se renforce grâce à l'expansion continuelle de l'exploitation. Marx soutenait qu'une telle expansion produisait également des antagonismes à l'intérieur du système, susceptibles de pousser les ouvriers à prendre le contrôle des moyens de production – machines et usines – afin d'établir une économie socialiste.

**CONDENSÉ EN 3 SECONDES**

Le capitalisme impose le profit, qui impose l'exploitation. Mais celle-ci peut-elle produire le socialisme ?

**RÉFLEXION EN 3 MINUTES**

La chute du mur de Berlin en 1989, suivie de l'effondrement de l'Union soviétique, a, aux yeux de nombreuses personnes, totalement discrédité le marxisme. Cependant, de quelle manière cette théorie pourrait-elle apporter une contribution positive à notre compréhension de l'économie capitaliste moderne ? Si nous regardons au-delà de l'héritage dictatorial laissé par le régime soviétique, la critique marxiste du capitalisme peut servir de point d'appui pour appréhender les injustices qui perdurent.

**THÉORIES LIÉES**

Voir aussi
LE SOCIALISME DE MARCHÉ
page 30
LA PLANIFICATION CENTRALISÉE
page 34

**BIOGRAPHIES EN 3 SECONDES**

KARL MARX
1818–1883

FRIEDRICH ENGELS
1820–1895

ERNEST MANDEL
1923–1995

ANTONIO GRAMSCI
1891–1937

**TEXTE EN 30 SECONDES**

Adam Fishwick

***« En un mot, à l'exploitation voilée sous des illusions religieuses et politiques, [le capitalisme] a substitué une exploitation délibérée, brutale, directe et éhontée. »***

**KARL MARX**

*> Le marxisme conclut que les inégalités produites par le capitalisme finiront par pousser les travailleurs à prendre le contrôle pour établir une économie socialiste.*

# L'ÉCONOMIE KEYNÉSIENNE (POSITIVE)

## Théorie en 30 secondes

La croissance économique n'est pas un processus régulier. Sur le long terme, la tendance est à la hausse, du moins dans les pays développés, mais, à court terme, le développement est ponctué par ce que les économistes appellent le cycle des affaires. Il y a des périodes d'essor de l'activité lors desquelles la croissance s'accélère et l'emploi est conséquent ; mais il y a aussi des ralentissements où elle se contracte, où l'emploi devient rare et le chômage augmente. Qu'est-ce qui détermine l'ampleur de ces variations ? L'économie classique affirmait que les prix – y compris les salaires – réagissaient immédiatement aux changements de l'offre et de la demande, et que les marchés absorbaient donc rapidement les chocs. Par conséquent, pour la théorie classique, le cycle des affaires ne devait pas entraîner un chômage involontaire massif. John Maynard Keynes, en se retournant sur la période de la Grande Dépression, s'éleva contre ce point de vue en disant que la demande globale – la demande totale réelle dans une économie – était le facteur clé du cycle. Pendant un ralentissement, elle tend à s'écrouler, ce qui aggrave le cycle et allonge les périodes de chômage inutile. Cette idée amena ensuite Keynes et ses partisans à conclure que, par la manipulation de la demande agrégée, les gouvernements devraient pouvoir influencer le cycle des affaires pour l'aplanir et réduire l'instabilité du développement capitaliste.

**CONDENSÉ EN 3 SECONDES**

Les cycles des affaires sont déterminés par les sommes que les consommateurs sont prêts à dépenser. Quand la demande s'écroule, la récession s'ensuit.

**RÉFLEXION EN 3 MINUTES**

Cette perspective axée sur la demande pointe un aspect important de la manière dont l'économie fonctionne. Mais ce n'est pas tout : la demande agrégée ne peut être le seul élément déterminant ; sur le long terme par exemple, l'investissement et l'innovation sont des facteurs clés. Et, quand on suggère que les gouvernements sont habilités à manipuler cette demande pour gérer l'économie, la théorie ne précise pas comment – par une politique monétaire ou fiscale ? Cela ne veut pas dire non plus qu'ils ont les moyens de le faire correctement.

**THÉORIES LIÉES**

Voir aussi
LE MONÉTARISME
page 48
L'ÉCONOMIE DE L'OFFRE
page 128
L'ÉCONOMIE KEYNÉSIENNE (NORMATIVE)
page 46

**BIOGRAPHIES EN 3 SECONDES**

JOHN MAYNARD KEYNES
1883–1946

JOHN HICKS
1904–1989

**TEXTE EN 30 SECONDES**

Christakis Georgiou

***« Les défauts marquants de la société économique dans laquelle nous vivons consistent en son échec à garantir le plein emploi et sa distribution arbitraire et injuste des richesses et des revenus. »***

**JOHN MAYNARD KEYNES**

*> Une économie tendant à s'accroître peut parfois s'assombrir d'orages financiers intermittents que l'intervention gouvernementale est susceptible de contribuer à apaiser.*

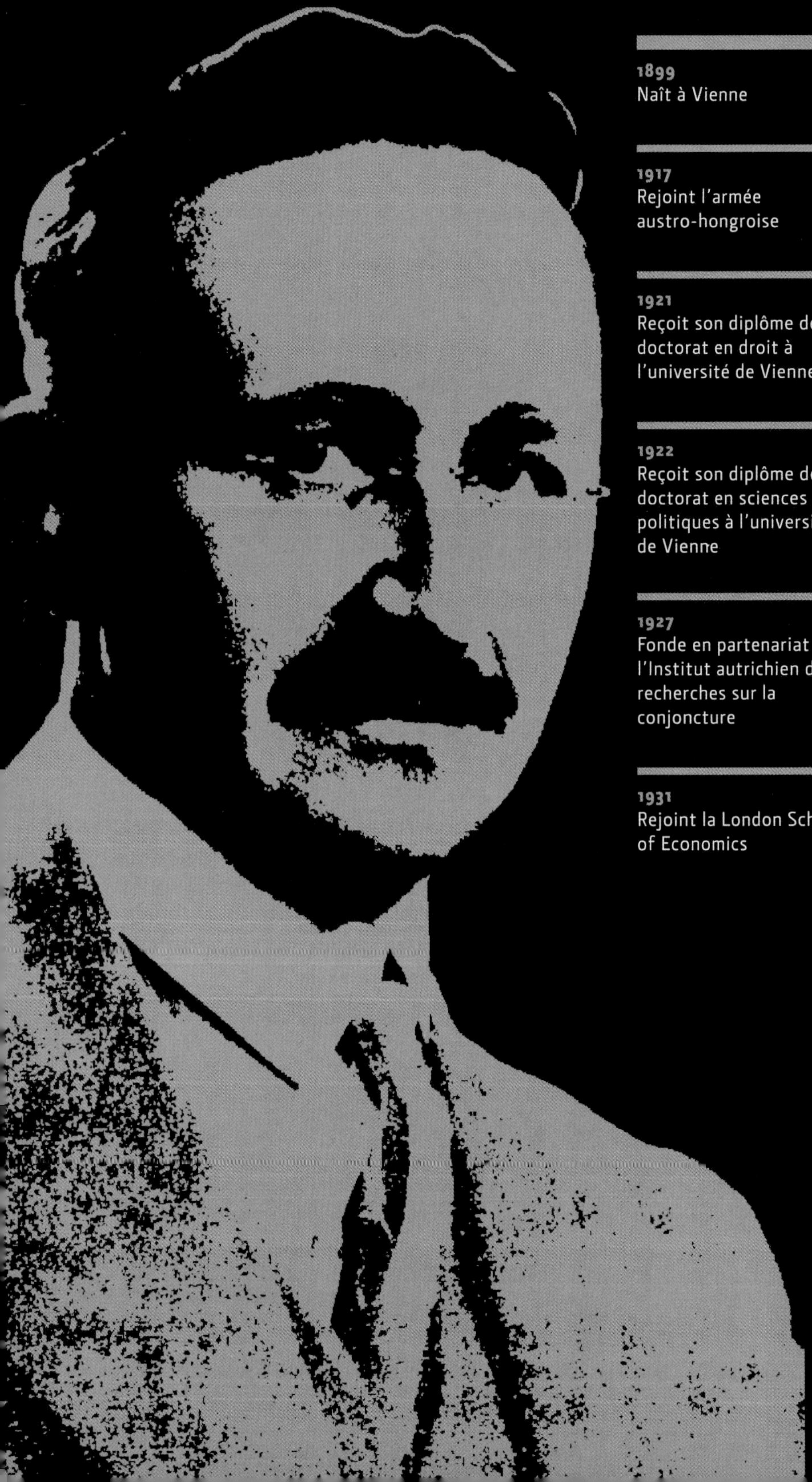

**1899**
Naît à Vienne

**1917**
Rejoint l'armée austro-hongroise

**1921**
Reçoit son diplôme de doctorat en droit à l'université de Vienne

**1922**
Reçoit son diplôme de doctorat en sciences politiques à l'université de Vienne

**1927**
Fonde en partenariat l'Institut autrichien de recherches sur la conjoncture

**1931**
Rejoint la London School of Economics

**1944**
Publie *La route de la servitude*

**1950**
Rejoint l'université de Chicago

**1960**
Publie *Constitution de la liberté*

**1962**
Rejoint l'université de Fribourg, en Allemagne de l'Ouest

**1968**
Rejoint l'université de Salzbourg

**1973-79**
Publie *Droit, législation et liberté*

**1974**
Reçoit le prix Nobel d'économie

**1992**
Meurt à Fribourg, en Allemagne

# FRIEDRICH VON HAYEK

**L'un des moments les plus déterminants** de la montée au pouvoir de Margaret Thatcher eut lieu au cours de l'été 1975, quelques mois après son accession à la tête du Parti conservateur. Invitée à mener une conférence sur le centrisme, elle fouilla dans son sac et en sortit un livre qu'elle claqua sur la table en lâchant : « Voilà ce en quoi nous croyons. » L'ouvrage était *Constitution de la liberté* de Friedrich von Hayek. Neuf ans plus tard, ayant inspiré une demi-décennie de thatchérisme, Hayek reçut l'ordre des Compagnons de l'honneur des mains de la reine Elizabeth II, suivi de la Médaille présidentielle de la liberté, l'une des plus hautes distinctions civiles aux États-Unis, décernée par George Bush en 1991. C'était un triomphe inattendu et tardif pour l'homme dont les idées semblaient avoir été totalement réfutées par John Maynard Keynes un demi-siècle plus tôt. Hayek naquit en 1899 à Vienne, en Autriche, dans une célèbre famille d'intellectuels. Ses parents étaient tous deux membres de la noblesse autrichienne et il était cousin au deuxième degré avec le philosophe Ludwig Wittgenstein. Hayek commença sa carrière en étudiant l'anatomie du cerveau en parallèle avec le droit, les sciences politiques, la philosophie, la psychologie et l'économie. Dans les années 1920, il fonda en partenariat l'Institut autrichien de recherches sur la conjoncture et fut ultérieurement recruté par la London School of Economics, où il resta dix-huit ans, pour devenir sujet britannique en 1938. Cependant, le pays étaient alors sous le charme du keynésianisme et il dut combattre pour faire passer son message. La solution fut son livre, *La route de la servitude,* dans lequel il soutient que l'intervention gouvernementale mène à une diminution de la liberté, et préconise une approche libérale de l'économie. L'ouvrage connut un succès modéré en Grande-Bretagne, mais une seconde publication reçut un meilleur accueil aux États-Unis, où il vécut à partir de 1950. Il revint plus tard en Allemagne puis en Autriche et continua de publier des critiques virulentes sur le socialisme jusqu'à quatre-vingts ans passés.

# LA SYNTHÈSE NÉOCLASSIQUE

## Théorie en 30 secondes

L'expérience de la Grande Dépression des années 1930 et l'impact du travail de Keynes ont eu une influence de longue durée sur les théories économiques. Dès 1937, John Hicks, économiste de Cambridge, tenta de présenter une version mathématique des arguments de Keynes, laquelle devint alors la base de la « synthèse néoclassique », ainsi qu'elle fut nommée, entre le keynésianisme et l'économie classique. Prix Nobel et professeur à l'Institut de technologie du Massachusetts, Paul Samuelson fut le plus célèbre « néokeynésien ». La synthèse disait en substance que, sur le court terme, les marchés pouvaient être imparfaits et par conséquent ne pas s'ajuster ou se tirer d'affaire comme le prévoyaient les modèles classiques. Ce problème est dû principalement à la rigidité des salaires et à l'impact déformant qu'ont les monopoles sur la concurrence. Le gouvernement peut donc intervenir pour s'occuper de ces imperfections, en dépensant davantage par exemple en temps de crise afin de ramener l'économie vers le plein emploi. Mais, une fois l'opération effectuée, il n'y a pas de raison de renoncer au concept clé selon lequel l'économie se purifie et atteint son équilibre, ni au fait que, sur le long terme, c'est l'expansion de la capacité productive qui détermine la croissance. Si les gouvernements intervenaient correctement, une fois les imperfections corrigées, la main invisible du marché fonctionnerait de nouveau à merveille.

**CONDENSÉ EN 3 SECONDES**

Keynes avait raison sur le court terme, mais les classiques l'emportent sur le long terme. L'intervention gouvernementale devrait se limiter au court terme.

**RÉFLEXION EN 3 MINUTES**

La plupart des étudiants de Keynes à l'université de Cambridge se sont opposés à la « synthèse néoclassique », affirmant qu'elle réhabilitait l'idée principale rejetée par Keynes – que les marchés se régulent eux-mêmes. À cause de ce concept, les néokeynésiens avaient adopté l'idée datant d'avant 1930 selon laquelle le chômage était dû à de trop hauts salaires, alors même que Keynes avait tenté de prouver qu'elle était erronée, puisqu'une baisse des salaires avait précipité l'effondrement au lieu de résoudre le problème.

**THÉORIES LIÉES**

Voir aussi
L'ÉCONOMIE KEYNÉSIENNE (POSITIVE) page 16
L'ÉCONOMIE CLASSIQUE page 12

**BIOGRAPHIES EN 3 SECONDES**

JOHN HICKS
1904–1989

PAUL SAMUELSON
1915–

**TEXTE EN 30 SECONDES**

Christakis Georgiou

*« Voici quelques années, les économistes voyaient la concurrence parfaite comme un idéal... Aujourd'hui, nous comprenons que le monde entier lui fait exception. Si nous devions couper la tête de tous les concurrents imparfaits, il n'en resterait plus beaucoup. »*

**PAUL SAMUELSON**

> *Il est bon que les gouvernements fassent des ajustements et interviennent pour ramener la stabilité, mais, une fois l'équilibre revenu, qu'ils laissent le marché se réguler lui-même.*

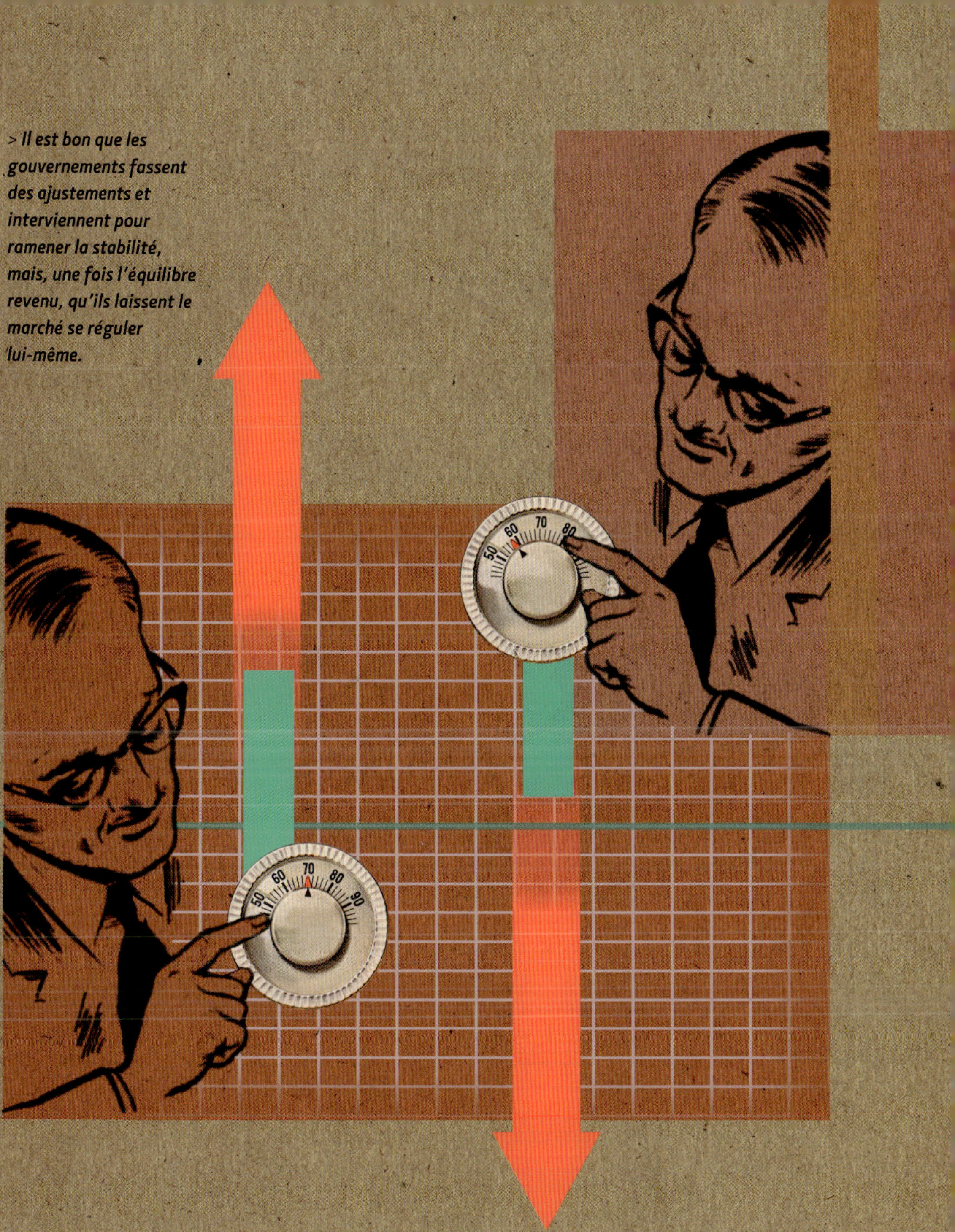

# L'ÉCOLE AUTRICHIENNE

## Théorie en 30 secondes

Avant la Première Guerre mondiale, Vienne était l'une des places les plus importantes pour la théorie économique. Certains des marginalistes les plus connus, tels que Carl Menger et Eugen von Böhm-Bawerk, enseignaient à l'université de Vienne. Mais les « Autrichiens » les plus renommés sont Ludwig von Mises et Friedrich von Hayek. Entre les deux guerres et après la seconde, ils affirmaient que le socialisme excluait totalement le calcul rationnel (von Mises) et qu'il ne pouvait être qu'inférieur au capitalisme parce que beaucoup moins efficace (Hayek). Leur argument était que seuls les particuliers ont la capacité de déterminer leurs propres coûts et bénéfices, parce qu'ils sont entièrement subjectifs. Cela signifie que la manière la plus efficace d'organiser l'activité économique est de permettre au marché de coordonner spontanément les préférences des myriades de consommateurs de la société. Les prix jouent ainsi un rôle primordial parce qu'ils sont le reflet de toute l'information disparate de l'économie. Mais cela ne peut réussir qu'avec une approche libérale. Avec le socialisme, l'État intervient pour fixer les prix, mais, comme il lui est impossible de posséder toute l'information disponible en matière de coûts et de préférences dans la société, il gâche tout, inévitablement.

**CONDENSÉ EN 3 SECONDES**

Seuls les particuliers savent la valeur qu'ils donnent aux objets et seul le marché peut coordonner efficacement les préférences de chacun. Nul gouvernement ne peut en savoir plus que lui.

**RÉFLEXION EN 3 MINUTES**

Les idées des « Autrichiens » restèrent en marge de l'économie jusqu'au début des années 1980, où ils trouvèrent un écho dans les politiques de Ronald Reagan et de Margaret Thatcher. Ce sont les opposants les plus farouches à l'intervention gouvernementale et ils sont considérés comme les pères du libéralisme de droite. Mais leur insistance sur la supériorité de l'ultralibéralisme semble tirée par les cheveux. C'est aller un peu loin que de prétendre qu'une société ne fonctionne correctement que si aucune décision collective ne s'en mêle.

**THÉORIES LIÉES**


Voir aussi
LE MARGINALISME
page 138
LE CAPITALISME LIBÉRAL
page 28
LE SOCIALISME DE MARCHÉ
page 30


**BIOGRAPHIES EN 3 SECONDES**

CARL MENGER
1840–1921

EUGEN VON BÖHM-BAWERK
1851–1914

LUDWIG VON MISES
1881–1973

FRIEDRICH VON HAYEK
1899–1992

**TEXTE EN 30 SECONDES**

Christakis Georgiou

***« Le problème économique de la société... en résumé, est celui de l'utilisation d'une connaissance qui n'est pas donnée à tous dans sa totalité. »***

**FRIEDRICH VON HAYEK**

*> Seul le libre-échange est capable de coordonner efficacement toute l'information et les attitudes de chaque personne en matière de valeur – c'est ainsi que se fixent les prix du marché.*

# SYSTÈMES ÉCONOMIQUES

**Systèmes économiques**
Glossaire

**Banque mondiale** Elle fut créée en 1944 dans le cadre des accords de Bretton Woods pour aider au redressement de l'économie d'après-guerre. Contrairement au FMI *(ci-dessous)*, elle accorde des prêts dans le cadre de projets spécifiques de développement. De plus en plus, elle s'applique à réduire la pauvreté dans les pays en voie de développement, bien que son action soit décriée parce qu'elle oblige les nations endettées à adopter des politiques libérales qui ouvrent leurs frontières à l'exploitation de leurs ressources par des sociétés multinationales.

**capitalisme** Système économique dans lequel les moyens de production (usines, machines et autres) et de distribution sont principalement détenus par des particuliers ou des sociétés privées. Les prix des biens et du travail sont déterminés par l'économie de marché et non par un gouvernement central. Les profits sont récupérés par les patrons ou, dans le cas des sociétés, distribués aux actionnaires.

**dérégulation** Processus de désengagement de l'État envers le marché et d'accroissement du libre-échange. L'idée sous-jacente est que moins le gouvernement intervient, plus le marché se dynamise et devient compétitif. Le contrôle gouvernemental type comprend un salaire minimum, des tarifs douaniers sur les importations et un contrôle des devises.

**Fonds monétaire international (FMI)** Comme la Banque mondiale, le FMI fut créé en 1944 dans le cadre des accords de Bretton Woods. Il a pour but principal d'aider les pays à stabiliser leur balance commerciale (l'équilibre des importations et des exportations) en accordant des prêts à ceux qui sont en déficit. Cependant, ils doivent en retour s'engager à respecter des conditions draconiennes – connues sous le nom de Consensus de Washington – destinées à libéraliser les marchés et à réduire les interventions gouvernementales. Le FMI est basé à Washington, aux États-Unis, et se vante de compter actuellement cent quatre-vingt-sept membres.

**hyperinflation** Comme son nom l'indique : inflation géante ! La plupart des économistes la décrivent comme une augmentation des prix de 50 % par mois, bien que le terme soit souvent utilisé pour des taux moins élevés. L'exemple classique est celui de l'Allemagne des années 1920 où l'inflation atteignit les 322 % et où les prix quadruplaient tous les mois.

**kleptocratie** Gouvernement au sein duquel la corruption est endémique ; les taxes et autres fonds de l'État sont utilisés au profit personnel de quelques officiels, aux dépens de toute une population. Le cas le plus connu est celui des Philippines sous Marcos, quand le trésor du pays était virtuellement utilisé comme un compte en banque personnel.

**mondialisation** Processus par lequel les restrictions au commerce international sont levées, ce qui permet aux sociétés d'échanger librement par-dessus les frontières. Ce choix s'accompagne généralement d'un accroissement de la délocalisation qui implique un partage des différents stades de production entre des sociétés de nationalités diverses en tenant compte des coûts ; une hausse massive des transports en résulte.

**néolibéralisme** Fil conducteur d'une pensée économique fondée sur les théories néoclassiques, exposée par David Ricardo en premier lieu et développée par Milton Friedman et d'autres. La politique de principe demande une réduction de l'intervention de l'État en faveur des initiatives privées, gouvernées par l'économie de marché. Plus précisément, les néolibéraux croient en une privatisation des actifs gouvernementaux, à la réduction des dépenses publiques et des impôts et à l'élimination des freins au commerce (licenciements, tarifs douaniers, quotas et autres).

**protectionnisme** Pratique de protection du marché intérieur contre la compétition étrangère par l'imposition de quotas et de tarifs douaniers sur les produits importés. On fait généralement ce choix pour équilibrer la balance commerciale quand les importations deviennent plus importantes que les exportations de produits locaux. Il peut également servir à protéger une industrie naissante, comme la fabrication de voitures au Japon dans les décennies 1930 et 1940.

**socialisme** Système économique par lequel les moyens de production et de distribution appartiennent aux ouvriers ou à l'État. Les salaires et les prix des marchandises sont déterminés par un gouvernement central au lieu de suivre les lois du marché (certaines formes de socialisme incorporent toutefois le mécanisme du marché). L'ensemble de l'économie est rationnellement planifié et non déterminé par les conséquences aléatoires des initiatives privées.

# LE ÇAPITALISME LIBÉRAL

## Théorie en 30 secondes

**CONDENSÉ EN 3 SECONDES**
Le libéralisme et la propriété individuelle auront pour résultats une prospérité maximale et la liberté pour tous.

**RÉFLEXION EN 3 MINUTES**
Le capitalisme libéral assure que, si nous permettons aux particuliers d'agir sans régulation ni limites, la prospérité maximale sera offerte à tous. Cependant, Marx affirme qu'un tel système résulte en l'exploitation des masses pour le bénéfice d'un petit nombre. Si l'on considère les inégalités et la pauvreté croissantes dans tous les pays du monde, il semblerait que les marchés ne soient pas encore « assez libres », ou peut-être Marx avait-il raison ?

Milton Friedman est connu pour avoir affirmé qu'afin de laisser s'épanouir le capitalisme l'État devrait se retirer de toute activité économique excepté « l'armée, la justice et les principales voies de transport ». Ce capitalisme libéral est fondé sur l'idée de base que les particuliers prennent de meilleures décisions économiques que les agents de l'État. Par exemple, le patron d'une entreprise choisira soigneusement ses investissements de manière à satisfaire au mieux ses clients. Pendant ce temps, le travailleur fera son choix parmi les emplois disponibles selon les horaires, le salaire et les savoir-faire que cela lui permettra de développer. Puisque tous les partenaires cherchent les meilleures opportunités, ils entraînent l'économie vers un maximum de prospérité. Le rôle de l'État se réduit par conséquent à celui de « veilleur de nuit », qui joue les figurants en facilitant l'activité – par la protection des droits de propriété, par le maintien de la loi et de l'ordre et par la défense du système contre les agressions extérieures. En corollaire, le libre-échange est encouragé dans l'économie internationale pour assurer un maximum de prospérité dans le monde. Laisser les particuliers commercer librement par-dessus les frontières sans restrictions étatiques permet à chaque pays de faire le meilleur usage de ses avantages concurrentiels, qu'ils soient dans la culture du café ou la fabrication d'ordinateurs.

**THÉORIES LIÉES**
Voir aussi
L'ÉCONOMIE CLASSIQUE
page 12
LE MONÉTARISME
page 48
L'AVANTAGE COMPARATIF
page 88

**BIOGRAPHIES EN 3 SECONDES**
ADAM SMITH
1723–1790

MILTON FRIEDMAN
1912–2006

**TEXTE EN 30 SECONDES**
Adam Fishwick

***« Il est nécessaire en premier lieu que toutes les parties sur le marché soient libres de vendre et d'acheter quel que soit le prix auquel elles peuvent trouver un partenaire pour réaliser la transaction, et que chacun soit libre de produire, vendre et acheter toute marchandise quelle qu'elle soit. »***

**FRIEDRICH VON HAYEK**

> *Les capitalistes libéraux soutiennent que les particuliers sont mieux équipés que l'État pour prendre des décisions économiques – les sociétés devraient être libres d'échanger n'importe quelle marchandise sans restriction.*

# LE SOCIALISME DE MARCHÉ

## Théorie en 30 secondes

Peut-on associer marché et moyens de production appartenant à l'État ? Certains économistes restent dans une tradition qui considère que c'est possible et que l'on gagne sur les deux tableaux. Dans le modèle théorique traditionnel développé par l'Italien Enrico Barone et exploré ensuite par le Polonais Oskar R. Lange, l'État possède les moyens de production, et une autorité centralisée détermine les prix de façon empirique. S'il y a un surplus, les prix baissent ; dans le cas contraire, ils montent. Par ailleurs, la plupart des entreprises ont une grande liberté de gestion et le rôle de l'organisation centrale est très faible – mais le gouvernement prend cependant les principales décisions d'investissement pour les infrastructures. C'est ainsi que coexistent le principe de propriété de l'État en matière de moyens de production et l'efficacité des mécanismes du marché. Ce modèle n'a jamais été appliqué en tant que tel, bien que certains systèmes de style soviétique, dont l'URSS sous Mikhaïl Gorbatchev, aient tenté dans les années 1970 et 1980 d'en adopter l'idée principale – en limitant la planification centralisée et en accordant l'autonomie de gestion à certaines entreprises appartenant à l'État. La Chine contemporaine – depuis la fin des années 1970 sous Deng Xiaoping – le Vietnam et le Laos ont les économies les plus proches du socialisme de marché, bien que le secteur privé y soit important et qu'aucune autorité ne fixe les prix.

**CONDENSÉ EN 3 SECONDES**
L'État possède les moyens de production et détermine les prix, pendant que les entreprises sont gérées par leurs propres administrateurs. On gagne ainsi sur les deux tableaux.

**RÉFLEXION EN 3 MINUTES**
La théorie semble très intéressante. En effet, comment trouver mieux que d'associer la rationalité du marché et une propriété « collective » des moyens de production ? Mais, dans ce cas, en quoi ce système diffère-t-il du capitalisme libéral pur ? Si les entreprises pratiquent la libre concurrence et si les investissements sont laissés à leur décision, qu'est-ce que cela change qu'elles appartiennent à l'État ou non ? Elles sont toujours motivées par l'appât du gain.

**THÉORIE LIÉE**
Voir aussi
LE CAPITALISME LIBÉRAL
page 28

**BIOGRAPHIES EN 3 SECONDES**
ENRICO BARONE
1859–1924

OSKAR R. LANGE
1904–1965

**TEXTE EN 30 SECONDES**
Christakis Georgiou

***« La planification et les forces du marché ne constituent pas la différence essentielle entre socialisme et capitalisme. Une économie planifiée n'est pas la définition du socialisme, car elle existe également dans le capitalisme ; l'économie de marché existe aussi avec le socialisme. Les deux forces sont des manières de contrôler l'activité économique. »***

**DENG XIAOPING**

*Laissons les sociétés s'autogérer, mais que l'État détermine les prix et contrôle les investissements : ainsi, l'efficacité du libéralisme et la propriété collective pourront cohabiter.*

1912
Naît à Brooklyn, New York

1933
Obtient sa maîtrise à l'université de Chicago

1937
Entre au Bureau national de recherche économique

1946
Professeur en théorie de l'économie à l'université de Chicago

1963
Publie *Histoire monétaire des États-Unis, 1867-1960*

1976
Reçoit le prix Nobel d'économie

1982
Publie *Capitalisme et liberté*

1988
Reçoit la Médaille présidentielle de la liberté des mains de Ronald Reagan

2006
Meurt à San Francisco

# MILTON FRIEDMAN

**Qui est donc l'économiste le plus influent** de la deuxième moitié du XXe siècle ? Selon le magazine *The Economist*, cet honneur revient à Milton Friedman. Sans doute sa défense inébranlable du libéralisme a-t-elle grandement influencé la vie économique et sociale du monde moderne. Ses théories de dérégulation gouvernementale ont fourni la base intellectuelle des gouvernements de Ronald Reagan aux États-Unis, de Margaret Thatcher au Royaume-Uni et, peut-être moins glorieusement, d'Augusto Pinochet au Chili. Il est absolument certain que ses théories ont étayé la réflexion du projet néolibéral dans son ensemble, y compris le « Consensus de Washington » avec toutes ses répercussions mondiales. Friedman était tellement convaincu des bienfaits de la dérégulation qu'il soutenait la légalisation de la marijuana et de la prostitution. Il affirmait que les autorisations d'exercer des médecins encourageaient le monopole de la profession et décourageaient la compétition. C'était un fervent opposant au service militaire – qu'il disait contraire aux principes de la liberté individuelle – et il croyait si fermement au système de « chèques éducation » qu'il avait ouvert son propre institut pour en promouvoir le concept. Il s'opposait également au système d'aide sociale et proposait un « impôt sur le revenu négatif » (sous la forme de crédit d'impôt) pour le remplacer. Quoi que l'on puisse lui reprocher, Friedman était cohérent dans ses croyances. Né à New York en 1912 de parents juifs immigrés depuis peu, il était à ses débuts un partisan de l'économie keynésienne. Plus tard, il changea d'opinion et publia en 1963 l'ouvrage *Histoire monétaire des États-Unis, 1867-1960*, dans lequel il soutient que la politique monétaire est le facteur le plus important pour obtenir une économie stable. À partir de 1946, Friedman enseigna à l'université de Chicago où il créa une école d'économie de grande influence (l'École de Chicago) qui, pendant les trente années suivantes, allait produire un flux régulier de lauréats du prix Nobel. Il conseilla Ronald Reagan au cours de sa campagne présidentielle victorieuse de 1980, avant de continuer à servir l'organe consultatif de la politique économique. Sa femme Rose et lui devinrent des « people » quand leur série d'émissions *Free to Choose* fut diffusée à la télévision en 1980.

# LA PLANIFICATION CENTRALISÉE

## Théorie en 30 secondes

**La guerre froide fait aujourd'hui partie de l'histoire,** mais, du temps de son existence, c'était la référence incontournable dans les débats entre spécialistes de politique et d'économie. D'un côté se tenait le « capitalisme » et de l'autre le « communisme ». Dans les pays communistes, la production et la distribution étaient dominées par l'État qui possédait et contrôlait machines, usines et magasins. Une commission gouvernementale centralisée se réunissait tous les quatre ou cinq ans et planifiait ce qu'il fallait produire quand, comment, et pourquoi. Elle partageait ensuite les tâches entre les différents directeurs d'usine en leur fixant des objectifs. Comme la production était décidée par une autorité centrale qui distribuait les ordres, elle fut appelée « planification centralisée ». Ce système était dit socialiste parce que l'économie y était cadrée et ne laissait aucune place à l'entreprise privée ni au libre-échange. Ses partisans favorisaient cette approche parce que le dirigisme leur semblait le moyen le plus efficace de combler leur retard sur les pays occidentaux. Des économies de ce type, totalement contrôlées, ont existé dans la plupart des pays du bloc de l'Est et en Chine jusque dans les années 1970. Après quoi, une vague de libéralisation les a transformées en « socialisme de marché » (en Chine par exemple) ou a fini par détruire complètement le système communiste (en Russie et Europe de l'Est ).

**CONDENSÉ EN 3 SECONDES**
L'État contrôle les usines et les machines, et prend toutes les décisions d'investissement. Les forces du marché n'ont aucune place.

**RÉFLEXION EN 3 MINUTES**
On pense généralement que les économies dirigées du bloc de l'Est et de la Chine appliquaient la théorie marxiste. Mais, si l'on se penche sur la version du socialisme selon Karl Marx, cette vision est erronée. Pour lui, cela signifie que les moyens de production appartiennent aux travailleurs et non à l'État, et que ce sont eux qui décident ensemble des marchandises à produire et comment les distribuer. À cet égard, le socialisme verrait le capitalisme et les économies dirigées comme similaires.

**THÉORIES LIÉES**
Voir aussi
LE CAPITALISME LIBÉRAL
page 28
LE SOCIALISME DE MARCHÉ
page 30

**BIOGRAPHIES EN 3 SECONDES**
JOSEPH STALINE
1878–1953
MAO ZEDONG
1893–1976

**TEXTE EN 30 SECONDES**
Christakis Georgiou

*« Nous avons cinquante ou cent ans de retard sur les pays développés et dix ans pour les rattraper. Soit nous y parvenons, soit ils nous écrasent. »*
**JOSEPH STALINE**

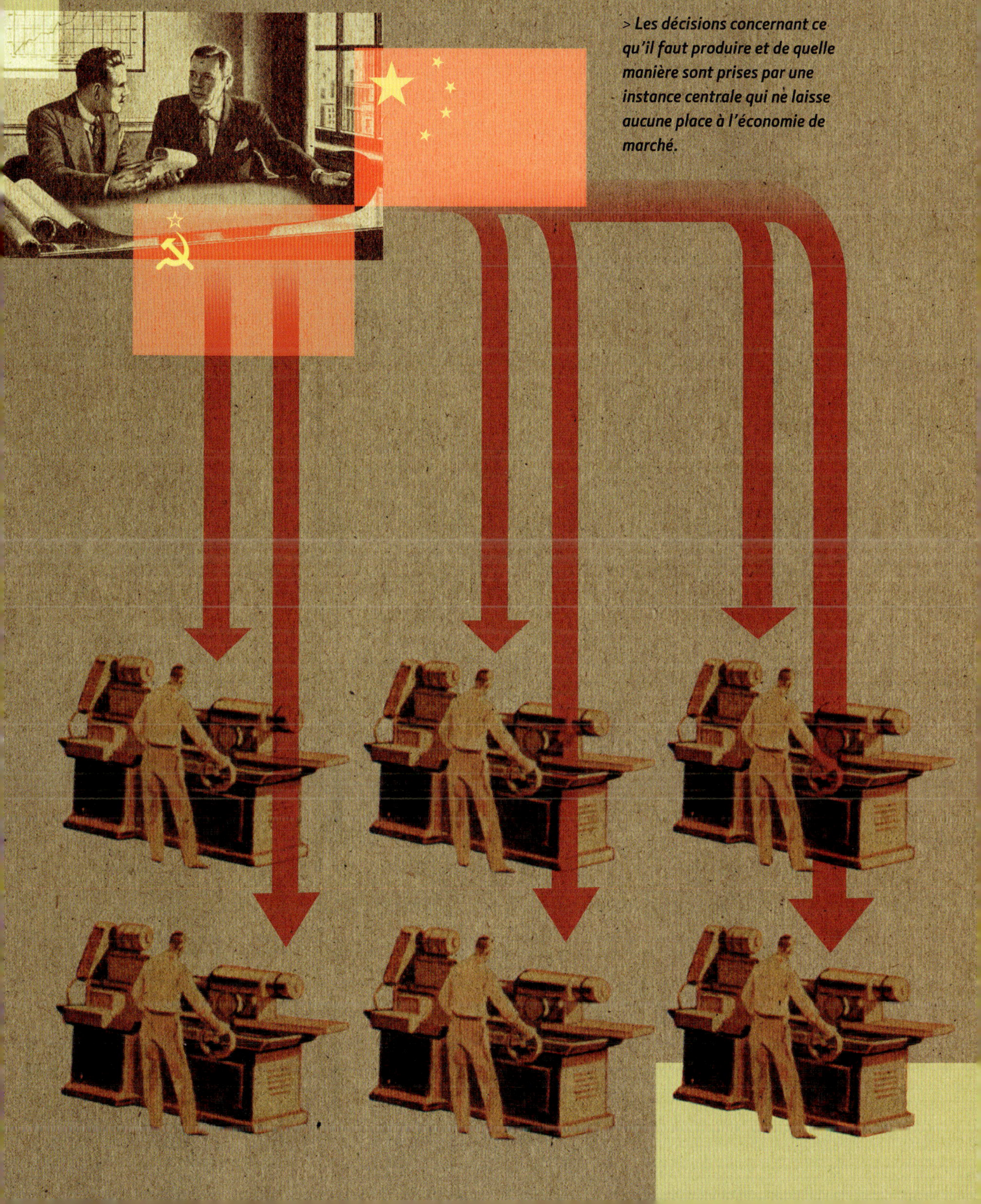

> *Les décisions concernant ce qu'il faut produire et de quelle manière sont prises par une instance centrale qui ne laisse aucune place à l'économie de marché.*

# LE MERCANTILISME

## Théorie en 30 secondes

**CONDENSÉ EN 3 SECONDES**
Empêchez les étrangers d'entrer et l'argent de sortir, puis assurez-vous de vendre plus que vous n'achetez – c'est le nationalisme économique.

**RÉFLEXION EN 3 MINUTES**
Pour les partisans du libéralisme, le mercantilisme est une aberration. Ses opposants les plus fervents sont les économistes classiques et ceux de l'école autrichienne. Ils accusent les pays en cause de ne pas comprendre les bénéfices du libéralisme et pointent l'impossibilité de vendre continuellement à l'étranger sans acheter suffisamment en retour. Les « Autrichiens » voient dans cette doctrine une forme d'impérialisme, dont le but est de construire un pouvoir étatique dominant. Mais aujourd'hui les néomercantilistes sont ceux qui critiquent les pays riches et puissants plutôt que le contraire.

Pour qu'une économie nationale se développe rapidement et rattrape les pays plus avancés, le gouvernement doit intervenir lourdement pour protéger l'industrie et les entreprises locales par des mesures protectionnistes telles que tarifs douaniers et primes à l'exportation. Il doit également limiter autant que possible l'importation de biens et de services ainsi que la sortie des capitaux. En d'autres termes, il doit vendre aux pays étrangers plus de marchandises qu'ils ne peuvent lui en vendre, tout en gardant l'argent pour investir au sein du pays. Le mercantilisme était la doctrine la plus courante du XVIe au XVIIIe siècle. Son plus fervent apôtre à cette époque était l'homme d'État français Jean-Baptiste Colbert. Le système fut adopté au XIXe siècle par les politiques économiques des États-Unis et de l'Allemagne, puis joua un rôle dans le développement du Japon et d'autres pays asiatiques tels que la Corée du Sud, Taïwan, Singapour ou Hong Kong, et plus spécialement la Chine de la fin du XXe siècle. Dans le monde d'aujourd'hui, le mercantilisme est généralement appelé « nationalisme économique » ou « théorie de la croissance à vocation d'exportation ». De nombreux critiques spécialistes, comme Ha-Joon Chang, l'utilisent pour critiquer la mondialisation. Chang explique que celle-ci, associée au libéralisme, a « rogné les ailes » des nations pauvres et en voie de développement en supprimant l'intervention étatique protectionniste dont les pays riches ont, eux, bénéficié pour installer des économies fortes.

**THÉORIE LIÉE**
Voir aussi
L'ÉCONOMIE CLASSIQUE
page 12

**BIOGRAPHIE EN 3 SECONDES**
JEAN-BAPTISTE COLBERT
1619–1683

**TEXTE EN 30 SECONDES**
Christakis Georgiou

***« Aujourd'hui, presque tous les pays riches utilisent la protection douanière et les subventions pour développer leurs industries. Fait intéressant, les États-Unis et la Grande-Bretagne, deux pays supposés avoir atteint les sommets de l'économie mondiale grâce à leur politique libérale, sont en fait les plus agressifs en matière de protectionnisme. »***
**HA-JOON CHANG**

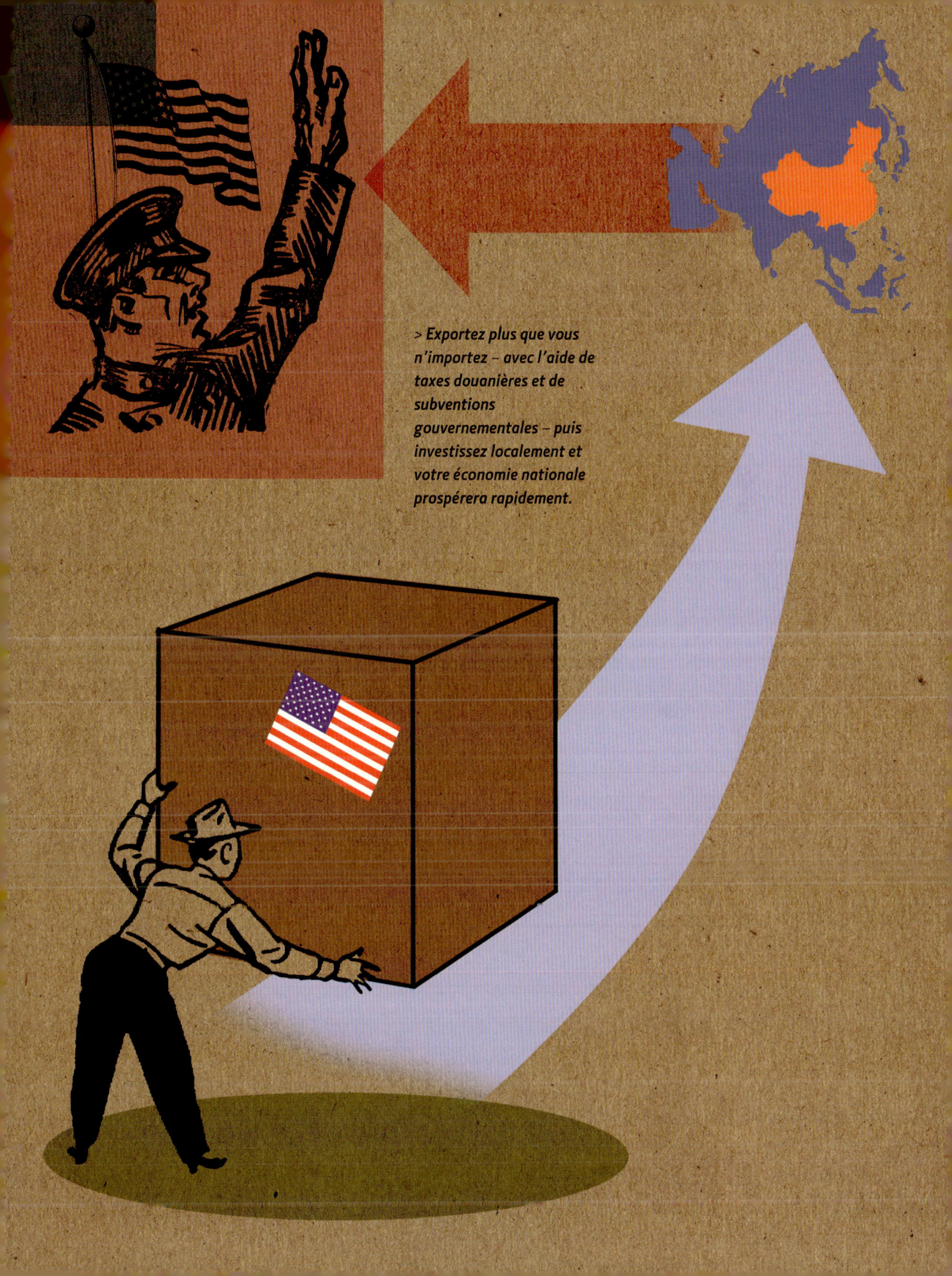

*> Exportez plus que vous n'importez – avec l'aide de taxes douanières et de subventions gouvernementales – puis investissez localement et votre économie nationale prospérera rapidement.*

# LA THÉRAPIE DE CHOC

## Théorie en 30 secondes

Quand un pays est en crise économique, certains pensent que le meilleur moyen d'y remédier est d'agir d'un seul coup – par une méthode appelée « thérapie de choc ». Pour une économie contrôlée par le gouvernement et qui souffre de pénurie de nourriture et d'hyperinflation chronique par exemple, la solution est dans le changement radical : il faut évincer le gouvernement le plus vite possible, même si c'est douloureux à court terme. Si les pays se libéralisent – c'est-à-dire s'ils baissent les prix et le contrôle des devises, éliminent les subventions d'État, ouvrent leurs frontières au marché, trouvent de nouvelles sources de revenus pour combler les trous dans leur budget et privatisent les affaires publiques, les marchés peuvent travailler correctement, les marchandises apparaissent aux rayons des magasins et l'inflation ralentit ou s'inverse. Comme le dit Jeffrey Sachs, architecte clé de la thérapie de choc, on ne peut pas franchir un abîme en deux enjambées. L'Allemagne a utilisé ce système entre 1947 et 1948, quand le gouvernement a subitement cessé subventions et contrôle des prix. Les marchandises sont réapparues, la pauvreté a reculé et l'économie de marché s'est rapidement développée. Le terme « thérapie de choc » a été adopté quand il a sauvé l'économie bolivienne en 1985. Cela a marché également en Pologne, dont l'économie a largement rattrapé celle de l'Europe de l'Ouest à la suite de sa thérapie de choc de 1990. Cependant, la manœuvre peut aussi échouer : en Russie postsoviétique, la privatisation a mené à une corruption massive quand les particuliers ont saisi l'occasion de s'approprier les sociétés lucratives de gaz et de pétrole.

**CONDENSÉ EN 3 SECONDES**

La meilleure façon de rétablir une économie chancelante est de trancher dans le vif.

**RÉFLEXION EN 3 MINUTES**

Est-il vraiment souhaitable – et même possible – de changer une économie gérée par l'État en l'orientant vers le marché du jour au lendemain ? Certains critiques préfèrent les transformations graduelles et montrent la Chine en exemple. D'autres disent que, même si la Bolivie et la Pologne ont réussi, cela pourrait ne pas marcher partout. Pour libéraliser, un pays a besoin d'une économie restructurée et d'un cadre de lois et de règles qui ne poussent pas en quelques heures. Quand ce cadre est absent, comme c'était le cas en Russie postsoviétique, la réforme peut mener à l'instauration d'une kleptocratie plutôt qu'à une économie de marché opérationnelle.

**THÉORIES LIÉES**

Voir aussi
L'ÉCONOMIE CLASSIQUE
page 12
LE CAPITALISME LIBÉRAL
page 28
LA PLANIFICATION CENTRALISÉE
page 34
LE CONSENSUS DE WASHINGTON
page 40

**BIOGRAPHIES EN 3 SECONDES**

JEFFREY SACHS
1954–

GONZALO SÁNCHEZ DE LOZADA
1930–

LESZEK BALCEROWICZ
1947–

**TEXTE EN 30 SECONDES**

Katie Huston

***« L'inflation est comme un tigre et vous n'avez qu'une balle ; si vous ne l'atteignez pas d'un seul tir, c'est lui qui vous tue. »***

**GONZALO SÁNCHEZ DE LOZADA**

*> Si le tigre de l'hyperinflation sous contrôle gouvernemental empêche l'économie de repartir, tirez – et ne le ratez pas.*

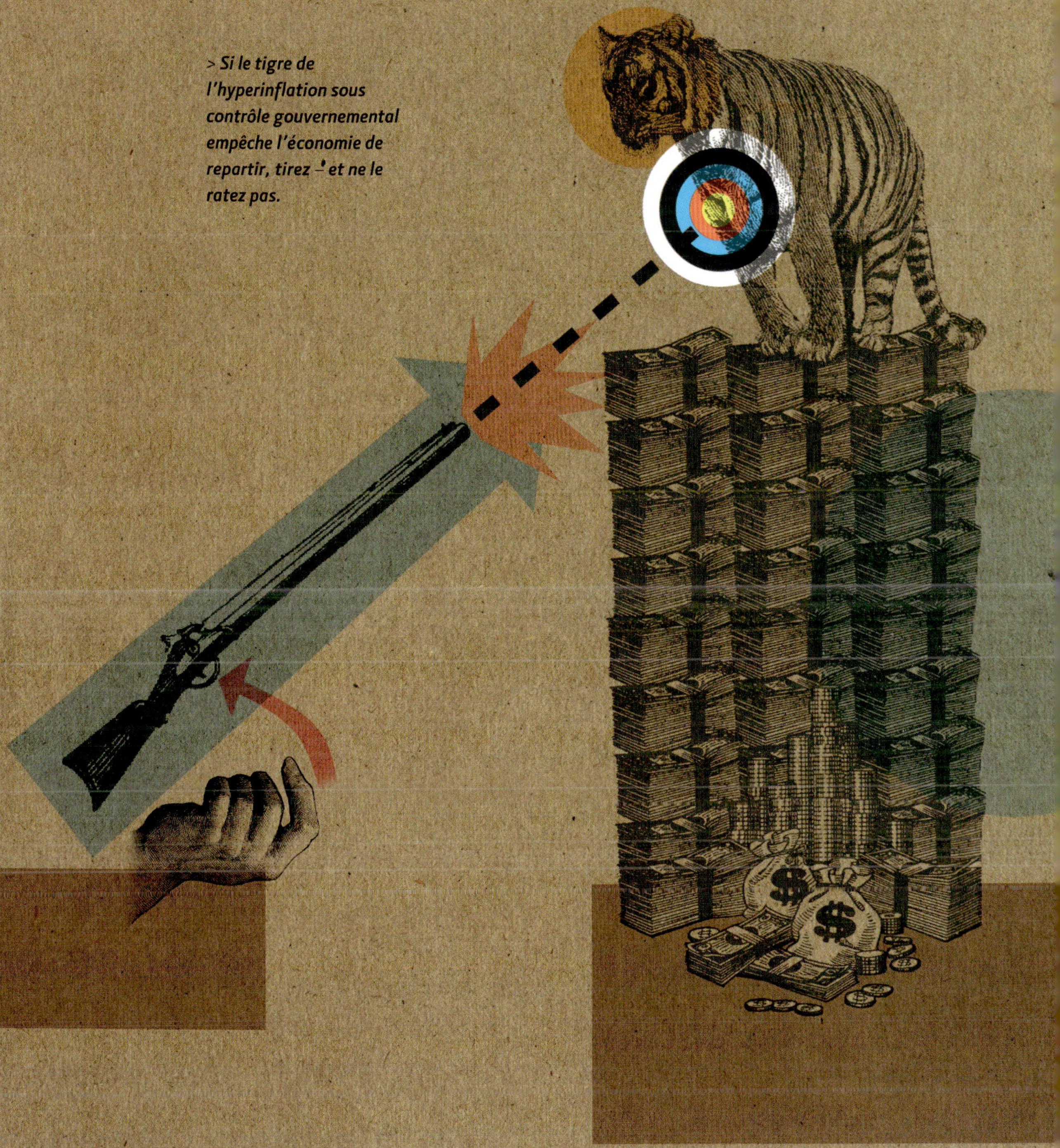

# LE CONSENSUS DE WASHINGTON

## Théorie en 30 secondes

Stabilisez, privatisez, libéralisez et mondialisez – pour équilibrer votre budget. C'est la voix de la sagesse, du moins c'est ce qu'affirme le Consensus de Washington. Le terme a été inventé par John Williamson en 1989 pour décrire un ensemble de recommandations politiques destinées aux pays en voie de développement. Selon les grands de Washington – la Banque mondiale, le Fonds monétaire international et le Trésor des États-Unis – la clé du développement est la dérégulation et la discipline fiscale. Stabiliser : garder l'inflation faible, réduire les déficits du marché et conserver les réserves d'argent sous contrôle. Privatiser : faire passer les biens publics, l'eau par exemple, à des sociétés privées pour une meilleure efficacité. Libéraliser : ouvrir les frontières au marché et attirer les investissements directs de l'étranger. Déréglementer : ne pas limiter la compétition ni chercher à écarter certains acteurs du marché. Enfin, se tenir à la discipline fiscale : ne pas laisser le gouvernement dépenser plus qu'il n'encaisse. Ces politiques, d'abord destinées à l'Amérique latine, furent vite appliquées dans d'autres endroits du monde. Les pays pauvres contraints d'emprunter au FMI furent obligés de suivre des instructions connues sous le nom de politiques d'ajustement structurel : stabiliser, privatiser et ainsi de suite. Ces programmes ont été fortement contestés comme remèdes fourre-tout pour des pays qui sont tout sauf semblables, ajustements qui font plus de mal que de bien et que les pays riches, qui plus est, ignorent superbement.

**CONDENSÉ EN 3 SECONDES**
Limitez les contrôles et l'intervention du gouvernement, et les affaires n'en finiront pas de prospérer.

**RÉFLEXION EN 3 MINUTES**
L'expression « Consensus de Washington » est souvent interchangeable avec « néolibéralisme » – et accusée de tout ce qui va de travers dans le monde en développement. Mais Williamson affirme que ce n'est pas la même chose. Selon lui, le Consensus est peut-être une marque de fabrique galvaudée mais, dans certains cas, l'idée fonctionne – par exemple, quand l'Argentine a privatisé ses réserves d'eau, la mortalité infantile a baissé de 24 % dans les régions les plus pauvres.

**THÉORIE LIÉE**
voir aussi
L'AVANTAGE COMPARATIF
page 50

**BIOGRAPHIES EN 3 SECONDES**
JOHN WILLIAMSON
1937–
MILTON FRIEDMAN
1912–2006

**TEXTE EN 30 SECONDES**
Katie Huston

***« La plupart du temps, [les idées de base] sentent bon la soupe et le pain chaud, c'est pourquoi elles ont imposé un consensus. »***
**JOHN WILLIAMSON**

> *Réduire la régulation gouvernementale et donner à la libre entreprise le pouvoir de prospérer pour le bénéfice de tous.*

# CYCLES ÉCONOMIQUES

## Cycles économiques
Glossaire

**balance des paiements** Différence entre les dépenses totales pour les importations de biens et de services étrangers et les gains issus des exportations. Les pays visent souvent à exporter plus qu'ils n'importent pour apporter un surplus à leur balance des paiements. Depuis le début des années 1980 cependant, les États-Unis maintiennent un déficit d'environ 6 % de produit intérieur brut (PIB) sans pour autant se paralyser.

**demande agrégée** Demande totale en biens et services au sein d'une économie à un certain moment. Le gouvernement peut l'influencer par sa politique monétaire (contrôle des sommes en circulation dans le pays) et/ou par sa politique fiscale (augmentation/diminution du montant des dépenses publiques).

**emprunteur « Ponzi »** Personne qui prend un crédit pour acheter un bien immobilier et qui dépend de l'appréciation (augmentation en valeur) de ce bien pour rembourser l'intérêt et le capital de son emprunt. Le terme fut inventé par Hyman Minsky ; le « Ponzi » contraste avec les autres emprunteurs, qui remboursent leurs dettes grâce à l'argent gagné par les investissements. Ce type d'emprunt était assez courant juste avant la crise des subprimes de 2007, quand la spirale des prix de l'immobilier berçait les acheteurs dans l'illusion qu'ils pourraient payer leurs dettes en utilisant le capital représenté par la valeur nette d'emprunt de leurs biens immobiliers.

**inflation** Augmentation en prix des biens et services sur une période donnée, mesurée généralement grâce à l'indice des prix à la consommation (IPC). Une légère inflation est considérée comme acceptable parce qu'elle aide à aplanir les ajustements relatifs des prix. Quand elle s'aggrave, par contre, elle peut engendrer l'instabilité des marchés financiers et provoquer des troubles sociaux parce que la valeur réelle des salaires chute.

**masse monétaire** Quantité totale d'argent en circulation au sein d'une économie à un moment donné. La réserve peut être contrôlée par le gouvernement central, d'une part en jouant sur les taux d'intérêt – un taux élevé indique généralement la pénurie de monnaie, quand un taux bas montre un surplus – mais aussi grâce à d'autres politiques telles que l'achat d'obligations à long terme, destiné à injecter une quantité d'argent liquide (méthode de « flexibilité quantitative »).

**politique expansionniste** Quand une économie est en récession, le gouvernement peut adopter une politique expansionniste pour tenter de la redresser. L'État peut mettre en place une politique monétaire consistant à réduire les taux d'intérêt et à acheter des obligations afin d'augmenter la quantité d'argent en circulation. Il peut également prendre des mesures fiscales en investissant lourdement dans les services publics et les projets de construction, et en diminuant les impôts.

**promoteurs de l'offre** Ceux qui croient que la prospérité économique dépend de la création des meilleures conditions possibles pour ceux qui offrent leurs produits et services (c'est-à-dire les employeurs). Ainsi, la régulation doit se réduire au strict minimum et les impôts sur les sociétés doivent être maintenus aussi bas que possible. Les promoteurs de la demande croient qu'il faut donner du pouvoir d'achat aux travailleurs et les encourager à consommer plus pour augmenter la demande en produits, ce qui va stimuler l'industrie et créer de l'emploi. Les gouvernements devraient donc investir dans l'éducation et dans l'ouverture de perspectives pour les travailleurs, en les assurant de recevoir un juste salaire de leurs employeurs grâce à une législation du travail.

**resserrement du crédit** Restriction sur la disponibilité du crédit ou des prêts. C'est souvent le résultat d'une perte de confiance dans un secteur du marché de la finance, qui pousse les actionnaires à retirer leurs fonds pour investir sur des options plus sûres.

**secteur privé** Part de l'économie possédée et gérée par des particuliers et des sociétés, le plus souvent (mais pas toujours) pour le profit.

**secteur public** Part de l'économie possédée et gérée par l'État. En général, cela inclut la sécurité sociale, l'éducation, la défense, les transports publics et certains services fonctionnels. Ces secteurs peuvent générer du profit ou non.

**stagflation** Comme son nom l'indique, mélange d'inflation et de stagnation. Jusqu'aux années 1970, les économistes croyaient impossible que les deux coexistent et la théorie keynésienne était fondée sur cette hypothèse. L'avènement de la stagflation à cette époque signifie que les gouvernements ne pouvaient plus sortir de la récession sans risquer une hyperinflation inacceptable. Les politiques keynésiennes furent par conséquent marginalisées pour les trois décennies suivantes.

# L'ÉCONOMIE KEYNÉSIENNE (NORMATIVE)

## Théorie en 30 secondes

John Maynard Keynes diagnostiquait la Grande Dépression comme un échec de la demande agrégée. Les gens ne voulaient plus dépenser et l'économie mondiale fut aspirée vers le bas. Sa prescription ? Que le gouvernement soutienne la demande agrégée, et en particulier ses propres dépenses, pour compenser le manque de dynamisme du secteur privé. En montant des projets nouveaux, en donnant de l'argent aux familles démunies ou en réduisant les impôts, l'État pouvait encourager la demande. Les entreprises emploieraient alors plus de travailleurs pour produire davantage. Ceux-ci dépenseraient ensuite leurs chèques de fin de mois et l'on obtiendrait un cercle vertueux de croissance qui sortirait l'économie de la récession tout en réduisant le chômage. Le keynésianisme devint la doctrine économique la plus populaire de l'« âge d'or » du capitalisme (1945-1973). L'idée principale était que le gouvernement devait intervenir dans l'économie pour assurer le plein emploi ; si le taux de chômage était abandonné au marché, il ne pourrait qu'augmenter. L'intervention prit donc la forme de dépenses publiques, de baisses d'impôts et d'aides aux travailleurs.

**CONDENSÉ EN 3 SECONDES**

Le gouvernement devrait dépenser et baisser les impôts pour aplanir les difficultés économiques.

**RÉFLEXION EN 3 MINUTES**

Le keynésianisme semblait être le remède aux problèmes du capitalisme. Pendant trente ans, les taux de croissance furent élevés et la plupart des gens avaient un travail, du moins en Occident. Mais dans les années 1970 apparut la stagflation, que les dépenses gouvernementales ne purent redresser. Les monétaristes attaquèrent les keynésiens, disant que les États avaient dépensé au-delà de leurs réserves monétaires et créé ainsi l'inflation. Les promoteurs de l'offre firent remarquer que son expansion accroîtrait la production et ferait baisser l'inflation.

**THÉORIES LIÉES**

Voir aussi
L'ÉCONOMIE CLASSIQUE
page 12
L'ÉCOLE AUTRICHIENNE
page 22
LE MONÉTARISME
page 48
L'ÉCONOMIE DE L'OFFRE
page 128
L'ÉCONOMIE KEYNÉSIENNE (POSITIVE)
page 16

**BIOGRAPHIES EN 3 SECONDES**

JOHN MAYNARD KEYNES
1883-1946

JOHN KENNETH GALBRAITH
1908-2006

**TEXTE EN 30 SECONDES**

Christakis Georgiou

***« Le gouvernement devrait payer les gens à creuser des trous dans le sol pour ensuite les remplir. »***

**JOHN MAYNARD KEYNES**

*> Si les gouvernements injectent de l'argent dans l'économie, cela stimulera la production et aboutira au plein emploi.*

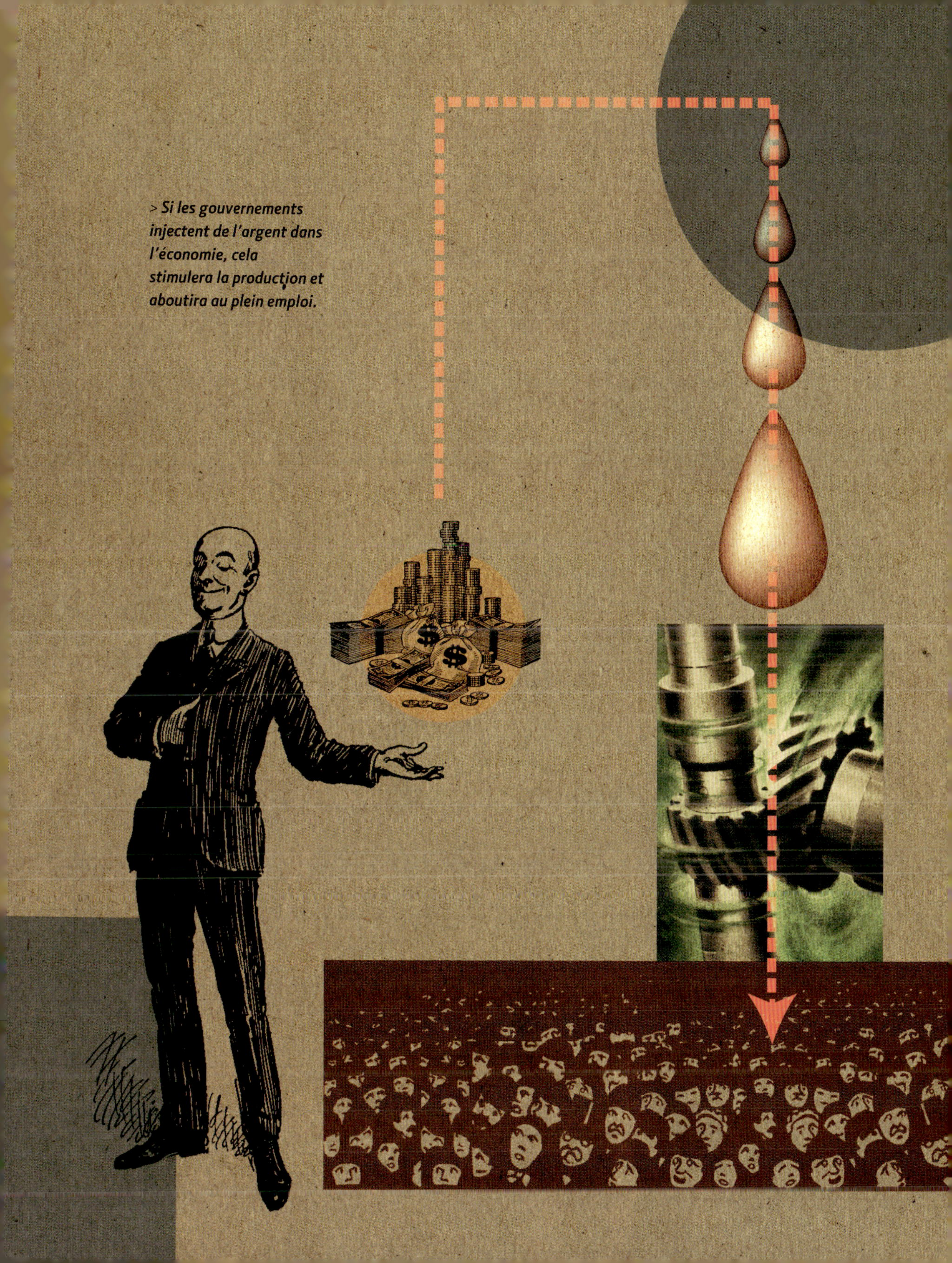

# LE MONÉTARISME

## Théorie en 30 secondes

**CONDENSÉ EN 3 SECONDES**
Contrôlez la monnaie et le reste suivra !

**RÉFLEXION EN 3 MINUTES**
L'application d'une politique monétariste est souvent associée à une réduction importante des réserves d'argent comme moyen de diminuer les taux d'inflation avec l'argument que, sur le long terme, la stabilité et la croissance seront au rendez-vous, comme aux États-Unis après la bataille gagnée contre l'inflation au début des années 1980. Cependant, l'un des corollaires de cette méthode est l'accroissement rapide du chômage. Une telle conséquence sociale immédiate l'emporte-t-elle sur les bénéfices présumés de cette politique monétaire ?

Comme son nom le suggère, le monétarisme s'intéresse en premier lieu à la politique monétaire. Son rôle de contrôle des réserves d'argent dans l'économie est censé être de loin le facteur le plus important pour influer sur les échanges à court et à long terme. À court terme, les décisions individuelles concernant la consommation et l'investissement sont affectées par les variations des réserves personnelles. La hausse de celles-ci encourage les dépenses et augmente donc l'activité économique, alors qu'une baisse les réduit. Un tel argument peut paraître issu du simple bon sens – contrôler la quantité d'argent disponible dans une économie doit certainement influencer le comportement de celle-ci. Cependant, une politique monétaire efficace stabilise les prix sans affecter la production ni la consommation individuelle sur le long terme. Une augmentation instable des prix résulte en distorsions du marché et sacrifie une inflation faible et une croissance régulière à des gains éphémères en production et consommation. Une forte inflation devrait être abordée par la réduction des réserves d'argent dans l'économie en prévoyant que les bénéfices de stabilité à long terme l'emporteront sur les coûts immédiats. Cependant, il est recommandé d'éviter les restrictions excessives ; d'ailleurs, Milton Friedman et Anna Schwartz ont tous les deux accusé une telle situation d'être responsables de la Grande Dépression de 1929. Au bout du compte, un accroissement constant et contrôlé des réserves monétaires garde l'inflation à un niveau raisonnable tout en développant l'activité économique et l'emploi.

**THÉORIES LIÉES**
Voir aussi
LA SYNTHÈSE NÉOCLASSIQUE
page 20
LE CAPITALISME LIBÉRAL
page 28
LA THÉRAPIE DE CHOC
page 38
LE CONSENSUS DE WASHINGTON
page 40

**BIOGRAPHIES EN 3 SECONDES**
MILTON FRIEDMAN
1912–2006

KARL BRUNNER
1916–1989

ANNA SCHWARTZ
1915–

**TEXTE EN 30 SECONDES**
Adam Fishwick

*« L'inflation est toujours et partout un phénomène monétaire. »*
**MILTON FRIEDMAN**

*> Contrôler les réserves d'argent affecte directement l'économie. Augmentez-les pour encourager la croissance, réduisez-les pour diminuer l'inflation.*

**1883**
Naît à Cambridge en Angleterre

**1904**
Obtient sa licence de mathématiques au King's College de Cambridge

**1908**
Devient professeur d'économie à l'université de Cambridge

**1915**
Entre au Trésor britannique

**1919**
Publie *Les conséquences économiques de la paix*

**1920**
Redevient professeur d'économie à l'université de Cambridge

**1925**
Épouse Lydia Lopokova

**1930**
Publie *Traité sur la monnaie*

**1933**
Publie *The Means to Prosperity*

**1936**
Publie *Théorie générale de l'emploi, de l'intérêt et de la monnaie*

**1942**
Anobli par le roi George VI

**1944**
Dirige la délégation britannique à Bretton Woods

**1946**
Meurt en Angleterre, dans le Sussex

# JOHN MAYNARD KEYNES

On connaît peu d'économistes ayant réussi à donner leur nom à une branche entière du sujet – ni Adam Smith, ni Alfred Marshall, ni Milton Friedman n'y sont parvenus. Pourtant, aujourd'hui encore, soixante ans après la mort de leur créateur, les principes du keynésianisme recommencent à faire parler d'eux presque quotidiennement lors d'émissions télévisées. Qui était donc John Maynard Keynes et pourquoi est-il à nouveau si influent ?

Sa notoriété se fit jour au moment du traité de Versailles en 1919, quand il exprima sa désapprobation face aux indemnités de réparation punitives imposées à l'Allemagne par la France et les États-Unis car, pour lui, ces lourds paiements rendaient impossible le retour à une économie saine dans ce pays. Ses prédictions se confirmèrent quand l'effondrement de la république de Weimar laissa la voie libre à l'avènement du Parti national-socialiste d'Hitler, qui mena finalement à la Deuxième Guerre mondiale. Ce fut toutefois au cours de la Grande Dépression que Keynes commença à développer ses idées fondamentales. La plus importante était la théorie de la dépense gouvernementale contracyclique – en d'autres termes, lors d'une récession, l'État doit dépenser plus pour stimuler la croissance et, quand l'économie est stable, il doit dépenser moins et faire des réserves pour les mauvais jours. Sa *Théorie générale de l'emploi, de l'intérêt et de la monnaie* parut en 1936 et connut un succès immédiat. Après la guerre, ses idées prévalaient et des politiques keynésiennes furent adoptées par de nombreux gouvernements du monde, menant à ce qui est connu comme l'« âge d'or » de l'économie. Malgré une période de désintérêt au cours des années 1970 et 1980, ses théories ont récemment refait surface avec les « paquets de stimulus » mis en œuvre par Barack Obama, Gordon Brown et d'autres.

Keynes menait parallèlement à son travail une vie riche et variée. Membre du Bloomsbury Group, il eut principalement des relations homosexuelles avant d'épouser la ballerine russe Lydia Lopokova en 1927. C'était un amateur d'art enthousiaste qui collectionnait les peintures de Cézanne, Degas, Modigliani et Picasso. C'était également un habile investisseur qui, même sans avoir prévu l'effondrement de la Bourse en 1929, avait amassé une petite fortune au moment de sa mort en avril 1946.

# LA COURBE DE PHILLIPS

## Théorie en 30 secondes

**CONDENSÉ EN 3 SECONDES**

Un gouvernement a le choix : une faible inflation ou le plein emploi, car il ne peut avoir les deux. C'est ce que montre la courbe de Phillips.

**RÉFLEXION EN 3 MINUTES**

Le problème de cette théorie est qu'elle n'explique pas ce qui s'est passé dans les années 1970 dans la majeure partie du monde occidental. Les salaires et les prix augmentaient très vite à cause d'une forte inflation, mais le chômage grimpait aussi et la production ne suivait pas. Le compromis entre inflation et chômage n'avait plus lieu. Les économistes émirent des avis divergents sur les causes de ce phénomène. Aujourd'hui, ils s'accordent à dire que la courbe de Phillips n'existe pas sur le long terme, mais uniquement à court terme (avec quelques

Économiste né en Nouvelle-Zélande, Bill Phillips écrivit en 1958 un article dans lequel il comparait les courbes de l'inflation des salaires nominaux et du chômage au Royaume-Uni entre 1861 et 1957. Il y observait que, lors d'un accroissement rapide des salaires, le chômage baissait et que, pendant les périodes de hausse du chômage, l'augmentation ralentissait et pouvait même devenir négative (autrement dit, les salaires diminuaient). Puisque l'augmentation des prix était d'environ 2 % cent inférieure à celle des salaires pour la même période, Phillips en déduisait une relation entre l'inflation et le chômage – une forte inflation correspond à un chômage faible et vice-versa. Pourquoi est-ce important ? Cela signifie que, si un gouvernement accepte la courbe de Phillips, il a le choix. S'il cherche la stabilité des prix, il aura davantage de chômeurs. S'il veut le plein emploi, il devra supporter les hausses de prix continuelles. Les États peuvent tenter de mettre en pratique ces options en manipulant les taux d'intérêt. S'ils les montent, davantage de gens perdent leur emploi ; s'ils les baissent, l'investissement reprend et les gens retrouvent du travail

**THÉORIES LIÉES**

Voir aussi
LE MONÉTARISME
page 48
LES ATTENTES RATIONNELLES
page 56
L'ÉCONOMIE KEYNÉSIENNE (NORMATIVE)
page 46
LA CROISSANCE NÉOCLASSIQUE
page 70

**BIOGRAPHIE EN 3 SECONDES**

A.W. « BILL » PHILLIPS
1914–1975

**TEXTE EN 30 SECONDES**

Christakis Georgiou

***« L'inflation est comme la fraude ; tous les gouvernements la dénoncent et tous la pratiquent. »***

**FREDERICK LEITH-ROSS**

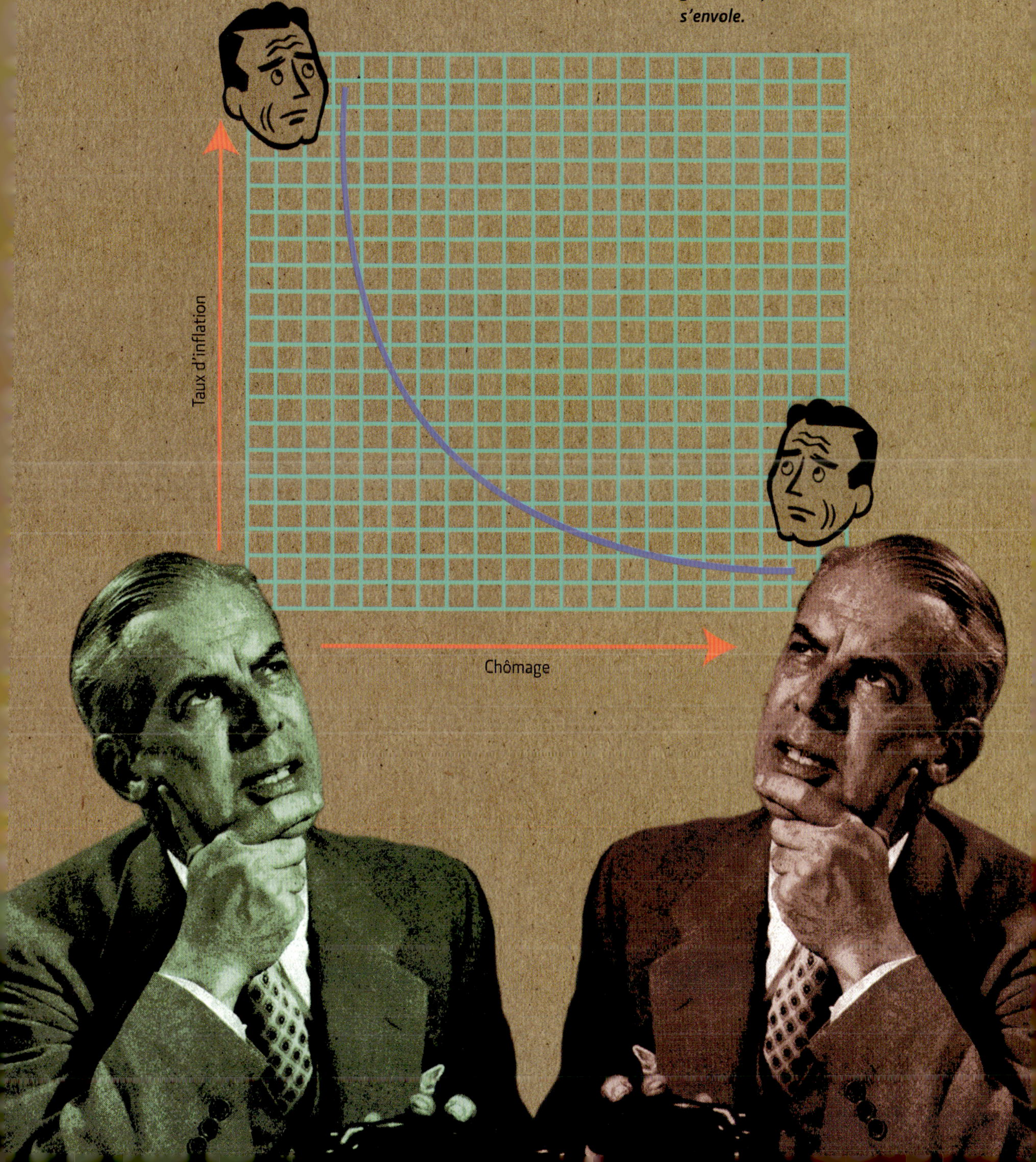


> *Cruel dilemme : contrôler l'inflation et le chômage grimpe, ou donner du travail aux gens et l'inflation s'envole.*

# L'HYPOTHÈSE DU REVENU PERMANENT

## Théorie en 30 secondes

À la fin des années 1950, Milton Friedman suggéra que, en examinant ce qu'ils peuvent dépenser, les gens font une estimation de ce qu'ils vont gagner leur vie durant – leur revenu permanent – au lieu de tenir compte des circonstances économiques du moment. Comment cela fonctionne-t-il ? Pour estimer leur revenu permanent, ils regardent ce qu'ils gagnent et envisagent la manière dont cela pourra évoluer au cours de leur vie. Sur cette base, ils font des emprunts qu'ils peuvent rembourser sur plusieurs années, économisent une partie de leurs revenus et dépensent le reste pour leur consommation quotidienne. Cela implique que si, pour une raison ou une autre, quelqu'un bénéficie d'une hausse de salaire imprévue, il va mettre la somme de côté au lieu de la dépenser dans l'immédiat, jusqu'à obtenir la certitude que cette augmentation temporaire sera permanente. C'est un aspect intéressant pour les décideurs politiques, car ce qui s'applique aux individus vaut pour l'économie dans son ensemble. Résultat ? Une hausse temporaire des recettes nationales ne va pas durablement augmenter la demande. Il est inutile que les gouvernements essaient d'appliquer cette politique sur le court terme, parce qu'elle ne peut augmenter la demande collective. Les gens vont s'empresser de mettre à l'abri l'argent supplémentaire qui leur sera offert.

**CONDENSÉ EN 3 SECONDES**

Vous dépensez en fonction de ce que vous prévoyez de gagner au cours de votre vie, pas de ce que vous gagnez aujourd'hui.

**RÉFLEXION EN 3 MINUTES**

L'hypothèse du revenu permanent est l'une des théories imaginées par les monétaristes et les promoteurs de l'offre dans les années 1970 pour prouver l'inefficacité de la gestion keynésienne de la demande. Mais il reste une question essentielle : combien de personnes dépensent réellement de cette manière ? Ceux qui ont des ressources élevées ont le pouvoir d'étaler leur consommation sur le long terme, quand les petits salaires vivent au jour le jour en dépensant une grande partie de leurs revenus temporaires.

**THÉORIES LIÉES**

Voir aussi
LES ATTENTES RATIONNELLES
page 56
L'ÉCONOMIE KEYNÉSIENNE (NORMATIVE)
page 46
L'ÉCONOMIE DE L'OFFRE
page 128

**BIOGRAPHIES EN 3 SECONDES**

MILTON FRIEDMAN
1912–2006

FRANCO MODIGLIANI
1918–2003

**TEXTE EN 30 SECONDES**

Christakis Georgiou

***« Bois à longs traits le commencement et la fin du tonneau, mais épargne le milieu ; car il est trop tard quand on ne ménage que le fond. »***

**HÉSIODE**

> *Si l'on reçoit un petit surplus d'argent grâce à la politique gouvernementale, il est plus vraisemblable qu'on l'épargne au lieu de le dépenser – et cela n'encourage pas la demande à long terme.*

# LES ATTENTES RATIONNELLES

## Théorie en 30 secondes

Au cours des années 1970, alors que les politiques expansionnistes ne parvenaient pas à réduire le chômage tandis que l'inflation augmentait, une vague d'économistes libéraux adaptèrent la théorie des « attentes rationnelles » de John Muth pour en expliquer la raison. Ce concept affirme que, lorsque les travailleurs et les entreprises prennent des décisions concernant l'avenir, ils se basent sur les données en cours et non sur celles du passé (comme le croyaient les économistes jusqu'alors). L'information prise en compte inclut les promesses gouvernementales ainsi que les critiques de ces promesses par les partis d'opposition ou les commentateurs spécialisés. Par exemple, si un gouvernement essaie de renforcer l'économie et de réduire le chômage en augmentant les réserves monétaires, les entreprises et les travailleurs vont considérer non seulement la reprise de la croissance à court terme, mais également l'accroissement de l'inflation sur le long terme. Les entreprises vont alors monter leurs prix et les syndicats demander des hausses de salaire sur la base de l'inflation prévue. En conséquence, le taux de chômage ne baissera pas, même temporairement, tandis que l'effet à long terme de la politique expansionniste (davantage d'inflation) se produira effectivement. L'impact de ces idées fut tel que de nombreux économistes parlent aujourd'hui de « révolution des attentes rationnelles ». Les deux théoriciens en la matière sont Robert Lucas et Thomas Sargent.

**CONDENSÉ EN 3 SECONDES**

Vous fondez vos décisions concernant l'avenir sur l'information disponible. Même s'il s'avère que vous avez fait fausse route, c'était le choix le plus rationnel.

**RÉFLEXION EN 3 MINUTES**

L'utilisation de la théorie des attentes rationnelles pour expliquer la stagflation des années 1970 n'a de sens qu'après avoir démontré que la courbe de Phillips ne s'applique pas au long terme, mais la théorie affirme que les entreprises et les travailleurs en ont tenu compte tout du long. Ne serait-ce pas plutôt que chacun a progressivement pris conscience de ce qui se passait au cours de la décennie ? Dans ce cas, on devrait parler d'attentes adaptatives (issues de l'information passée) et non rationnelles (fondées sur les données en cours), qui auraient servi de ligne de conduite aux entreprises et aux travailleurs.

**THÉORIES LIÉES**

Voir aussi
LA COURBE DE PHILLIPS
page 52
LA COHÉRENCE TEMPORELLE
page 58
L'HYPOTHÈSE DU REVENU PERMANENT
page 54
L'HYPOTHÈSE DU MARCHÉ EFFICIENT
page 152

**BIOGRAPHIES EN 3 SECONDES**

JOHN MUTH
1930–2005

ROBERT LUCAS
1937–

THOMAS SARGENT
1943–

**TEXTE EN 30 SECONDES**

Christakis Georgiou

***« On peut tromper une partie du peuple tout le temps et tout le peuple une partie du temps, mais on ne peut pas tromper tout le peuple tout le temps. »***

**ABRAHAM LINCOLN**

*> Pour prendre leurs décisions, les gens se servent de toute l'information dont ils disposent, y compris de pronostics. Les décideurs politiques ne devraient jamais s'imaginer que le peuple se laissera berner indéfiniment.*

# LA COHÉRENCE TEMPORELLE

## Théorie en 30 secondes

**CONDENSÉ EN 3 SECONDES**
Pour réussir la politique de votre choix, il est plus prudent de la respecter sur le long terme.

**RÉFLEXION EN 3 MINUTES**
La théorie de la cohérence temporelle a eu des effets considérables. On l'a utilisée pour expliquer la stagflation des années 1970 : quand les préférences des décideurs politiques se sont mises à changer, l'inflation et le chômage ont grandi de concert alors que l'activité cessait de progresser. On l'utilise également pour défendre l'indépendance des banques. Si elles sont soumises à des pressions politiques ou à un programme gouvernemental partisan, elle peuvent être amenées à prendre des décisions à court terme qui fragiliseront l'économie sur le long terme.

Il semblerait que ce soit une bonne chose que les décideurs politiques soient capables de réagir au gré des circonstances. Mais la cohérence temporelle montre que, si un gouvernement choisit une ligne de conduite, il doit s'y tenir. Pourquoi ? Voici un exemple flagrant : les prises d'otages. La plupart des pays annoncent qu'ils ne négocieront pas parce que, faute de rançon, les terroristes finiront par en comprendre l'inutilité. Or, quand une personne est enlevée, son pays est tenté de faire des concessions pour la libérer. Le problème est que, si les terroristes s'attendent à voir le gouvernement céder, ses annonces de refus de négocier ne vont pas les dissuader de prendre des otages. C'est la même chose en ce qui concerne la politique monétaire, ainsi que l'expliquent les économistes Edward Prescott et Finn Kydland. Quand le ministère des Finances annonce que son but principal est de garder l'inflation au plus bas, les entreprises et les travailleurs s'entendent pour négocier de faibles hausses des salaires. Plus tard, cependant, le gouvernement peut être tenté d'utiliser une politique monétaire expansionniste – en baissant les taux d'intérêt et en augmentant l'inflation – pour réduire le chômage. Le stratagème peut marcher à court terme, mais les entreprises et les travailleurs apprennent vite à utiliser cette incohérence et à négocier des hausses de salaire plus importantes, ce qui a pour conséquence de gonfler l'inflation sans créer les emplois attendus. Selon Prescott et Kydland, la solution est dans la réglementation au lieu de la prudence.

**THÉORIES LIÉES**
Voir aussi
LES ATTENTES RATIONNELLES
page 56
LE CHOIX RATIONNEL
page 106
LE CHOIX PUBLIC
page 112
LA THÉORIE DE L'UTILITÉ ESCOMPTÉE
page 114

**BIOGRAPHIES EN 3 SECONDES**
FINN KYDLAND
1943–

EDWARD PRESCOTT
1940–

**TEXTE EN 30 SECONDES**
Katie Huston

***« Il semblerait que la pratique courante qui consiste à choisir la meilleure politique pour la situation en cours soit amenée à évoluer vers une politique cohérente à défaut d'optimale. »***
**KYDLAND ET PRESCOTT**

*> Une fois qu'un gouvernement a décidé d'une série d'actions, il devrait se tenir à son programme pour atteindre son objectif.*

# L'ACCÉLÉRATEUR FINANCIER

## Théorie en 30 secondes

Quel est l'impact d'un système financier affaibli sur le développement d'une crise ? Ben Bernanke, président actuel de la Réserve fédérale des États-Unis, a commencé sa carrière en élaborant la théorie selon laquelle une telle situation rendrait la crise encore plus critique en accélérant son impact initial. Imaginez une entreprise qui ne fait pas aussi bien que prévu et se retrouve avec moins de fonds à sa disposition. Cela signifie que sa solvabilité s'amoindrit et qu'il lui devient plus difficile d'obtenir du capital extérieur par emprunt. Si cette entreprise est une banque et, pire encore, si toutes les banques connaissent la même situation, elle ne peuvent plus financer l'économie (accorder des prêts aux sociétés, des crédits aux consommateurs et ainsi de suite). Le crédit devient beaucoup plus cher et plusieurs entreprises font banqueroute faute de pouvoir emprunter, avec en retour un impact sur les banques qui leur avaient prêté de l'argent. Tout cela ressemble à une boule de neige qui dévale une pente en grossissant, d'où une accélération de la crise financière. C'est en quelque sorte ce qui est arrivé lors de la récente crise des « subprimes », quand les banques affaiblies ont souffert d'énormes pertes dues à leurs opérations immobilières et ont cessé de se prêter de l'argent entre elles, menant à l'effondrement du crédit.

**CONDENSÉ EN 3 SECONDES**

Les pertes rendent les emprunts difficiles, ce qui occasionne de nouvelles pertes et, chaque fois, le problème grossit comme une boule de neige financière.

**RÉFLEXION EN 3 MINUTES**

Il est raisonnable de dire qu'une économie dans une position financière forte tournera bien, et inversement. Mais qu'est-ce qui donne le coup d'envoi, dans le bon sens comme dans le mauvais ? Si c'est là le mécanisme qui caractérise la santé d'une entreprise ou d'une économie, il nous faut en premier lieu savoir ce qui met un système en situation de faiblesse.

**THÉORIES LIÉES**

Voir aussi
LE PRÊTEUR EN DERNIER RESSORT
page 64
L'ÉCONOMIE KEYNÉSIENNE (POSITIVE)
page 16

**BIOGRAPHIES EN 3 SECONDES**

BEN BERNANKE
1953–

MARK GERTLER
1951–

**TEXTE EN 30 SECONDES**

Christakis Georgiou

***« Tout comme un système financier sain favorise la croissance, des conditions défavorables peuvent empêcher une économie d'atteindre son potentiel. »***

**BEN BERNANKE**

> *Une économie forte peut aller en se consolidant mais, quand elle est faible, tout l'entraîne vers le bas : c'est l'effet boule de neige.*

# L'HYPOTHÈSE D'INSTABILITÉ FINANCIÈRE

## Théorie en 30 secondes

La crise financière récente est une bénédiction pour la réputation posthume de Hyman Minsky, un économiste qui est resté marginal toute sa vie. Il disait que les crises financières sont endémiques dans le capitalisme. Elles apparaissent parce que, en période prolongée de prospérité, les emprunteurs ont tendance à prendre moins de précautions et les organismes de prêt à se laisser aller à l'imprudence. À cause de cela, des bulles spéculatives se font jour dans le système financier. Alors qu'avant les emprunteurs étaient protégés, c'est-à-dire qu'ils pouvaient rembourser capital et intérêts grâce à leurs profits personnels, de plus en plus d'entre eux deviennent progressivement « spéculatifs » ou « Ponzi », leurs profits ne permettant de payer que les intérêts de l'emprunt, voire rien du tout, auquel cas ils doivent vendre leur propre patrimoine pour rembourser leur dette. Le problème est que cette formule est susceptible de faire s'écrouler tout le système. Quand les emprunteurs « spéculatifs » ou « Ponzi » se multiplient, le montant de la dette du système grimpe jusqu'à ce qu'il soit évident qu'elle ne peut plus être remboursée et que quelqu'un va devoir payer le prix de cette insolvabilité économique. Les « spéculatifs » et les « Ponzi » manquent à leurs engagements, les prêteurs resserrent les cordons du crédit et l'ensemble mène l'économie à la récession.

**CONDENSÉ EN 3 SECONDES**

La stabilité rend les gens imprudents. Les emprunteurs empruntent trop, les prêteurs prêtent à l'excès. Les difficultés de remboursement qui en résultent provoquent une crise financière.

**RÉFLEXION EN 3 MINUTES**

La théorie de Minsky semble coller parfaitement à la crise financière de la fin des années 2000. Les consommateurs ont vu les prix immobiliers augmenter d'année en année et se sont lancés dans des emprunts qu'ils ne pouvaient rembourser que par la vente de leur bien. Les organismes sont devenus plus déterminés à proposer des prêts risqués, non seulement des hypothèques de « subprime » mais également des prêts à d'autres organismes. Quand les gens ont commencé à ne plus honorer leurs remboursements, les emprunts, formidable machine à profits, se sont transformés en arrêts de mort pour ceux qui les avaient émis.

**THÉORIES LIÉES**

Voir aussi
L'ALÉA MORAL
page 150
L'ACCÉLÉRATEUR FINANCIER
page 60

**BIOGRAPHIES EN 3 SECONDES**

HYMAN MINSKY
1919–1996

CHARLES KINDLEBERGER
1910–2003

**TEXTE EN 30 SECONDES**

Christakis Georgiou

*« La stabilité est instable. »*

**HYMAN MINSKY**

> Les périodes prolongées de croissance mènent à l'imprudence... et quand la bulle eclate...

# LE PRÊTEUR EN DERNIER RESSORT

## Théorie en 30 secondes

**CONDENSÉ EN 3 SECONDES**
Un filet de sécurité lors des crises financières... qui protège les intérêts publics ?

**RÉFLEXION EN 3 MINUTES**
La critique la plus courante envers le prêteur en dernier ressort est qu'il encourage les institutions financières et les gouvernements à prendre des risques excessifs. Si on leur accorde un filet de sécurité, les acteurs économiques ont tendance à prendre des décisions potentiellement dangereuses. Or, si de tels risques ébranlent les banques de dépôt et les gouvernements des pays développés, ils risquent d'affecter les peuples qui en dépendent. Pour protéger toutes ces personnes, un prêteur en dernier ressort est-il vraiment une nécessité ?

Le prêteur en dernier ressort est une institution qui fournit des fonds d'urgence en période de stress ou de crise. Ce rôle est généralement joué par une banque centrale nationale, qui propose ce qu'il est devenu courant d'appeler des prêts « caution » afin d'éviter la banqueroute aux institutions financières les plus importantes. L'existence de ce prêteur en dernier ressort procure un filet de sécurité aux banques et autres organismes, sous la forme de prêts soutenus par le gouvernement. Cette opération n'est toutefois pas sans conditions. Elle exige du bénéficiaire qu'il donne des garanties suffisantes – sous forme de capital financier et autres – et qu'il paye des taux d'intérêt sanction. Par exemple, si vous tombez en panne d'essence sur l'autoroute, non seulement vous devez remplir votre réservoir, mais vous avez aussi une « pénalité » à payer au dépanneur. On considère également que le Fonds monétaire international remplit la fonction de prêteur en dernier ressort (FMI) en accordant des prêts à certains pays en grave déséquilibre financier. C'est souvent le cas pour les pays en voie de développement dont la balance des paiements et les marchés financiers montrent des problèmes chroniques d'instabilité. Des conditions exigeantes sont attachées à ces prêts, dont le respect d'un agenda strict de remboursement et des réformes de la régulation du marché.

**THÉORIE LIÉE**
Voir aussi
L'ALÉA MORAL
page 150

**BIOGRAPHIES EN 3 SECONDES**
WALTER BAGEHOT
1826–1877

CHARLES GOODHART
1936–

GARY GORTON
1951–

BEN BERNANKE
1953–

CHARLES CALOMIRIS
1957–

**TEXTE EN 30 SECONDES**
Adam Fishwick

***« Prêtez librement à un taux élevé, avec de bonnes garanties. »***
**WALTER BAGEHOT**

> En procurant une caution financière, le prêteur en dernier ressort vise à soulager la pression en temps de crise – mais cela coûte cher.

# CROISSANCE

**Croissance**
Glossaire

**capitalisme** Système économique dans lequel les moyens de production (usines, machines et autres) et de distribution sont principalement détenus par des particuliers ou des sociétés privées. Les prix des biens et du travail sont déterminés par l'économie de marché et non par un gouvernement central. Les profits sont récupérés par les patrons ou, dans le cas des sociétés, distribués aux actionnaires.

**croissance endogène** Comme la théorie de la croissance exogène néoclassique, elle essaie d'expliquer comment se mettent en place les améliorations technologiques. Ce modèle pointe avec conviction l'innovation et l'entreprenariat ainsi que le développement du capital humain (c'est-à-dire d'une main-d'œuvre qualifiée). Il montre aussi comment une politique gouvernementale peut influencer la croissance, grâce à des subventions à la recherche et au développement.

**croissance exogène** Théorie de la croissance néoclassique développée par Robert Solow et Trevor W. Swan dans les années 1950. Elle cherche à montrer comment la technologie, le capital et la quantité de main-d'œuvre s'associent pour créer de la croissance. Cependant, elle n'explique pas fondamentalement comment se passe l'amélioration technologique (ou innovation).

**économie à l'état stationnaire** Économie qui a atteint sa taille optimale – bien que l'innovation puisse encore faire redémarrer la croissance. Ce phénomène est généralement lié à une démographie stable et à une consommation réduite. En termes environnementaux, un état stationnaire est celui qui reste dans les limites de ses contraintes écologiques naturelles.

**hypothèse de convergence** Idée selon laquelle les économies à développement lent finiront par rattraper (ou presque) les rapides. Ce concept est fondé sur la loi des rendements décroissants par lesquels plus l'économie est importante, plus elle ralentit, tandis qu'un système plus modeste a davantage de capacité à se développer.

**infrastructures** Structures de base permettant et facilitant le fonctionnement des sociétés modernes. Ce sont les routes, chemins de fer, moyens d'approvisionnement en eau et en énergie, égouts, écoles et hôpitaux. Non seulement elles rendent la vie humaine plus confortable, mais elles permettent également aux affaires d'opérer efficacement, en fournissant les moyens de transport des biens et des matériaux.

**monopole** Domination d'un marché par une entreprise à l'exclusion de toutes les autres.

**produit intérieur brut (PIB)** Somme des biens et services échangés dans un pays au cours d'une année. La formule la plus courante pour la calculer est celle-ci : consommation + investissement + dépenses gouvernementales + exportations – importations. Le PIB est souvent le critère de mesure de la performance d'un pays, étant convenu que plus il est élevé, plus l'économie est forte. Cette approche est aujourd'hui critiquée comme étant insuffisante en tant qu'indicateur de succès, car elle ignore les autres facteurs importants de la qualité de vie que sont par exemple la distribution des richesses, l'espérance de vie ou la dégradation environnementale.

**rendements décroissants** Concept selon lequel, au-delà d'un certain point d'efficacité optimale, la production industrielle devient de plus en plus inefficace.

**soutenable (durable)** Gestion des ressources respectant la capacité de la planète à les renouveler.

**technologie verte** Valorisation de la technologie pour minimiser l'impact humain sur l'environnement. Il s'agit principalement d'obtenir une efficacité accrue, de moins polluer et d'utiliser des sources d'énergie alternatives. Les applications typiques de la technologie verte sont : le recyclage, les énergies renouvelables, la purification de l'eau, la réduction des déchets et le traitement des eaux usées.

# LA CROISSANCE NÉOCLASSIQUE

## Théorie en 30 secondes

**CONDENSÉ EN 3 SECONDES**
La croissance dépend de trois facteurs : le changement technologique, l'accumulation de capital et l'accroissement de la main-d'œuvre.

**RÉFLEXION EN 3 MINUTES**
Dans le modèle de croissance néoclassique, le changement technologique est un facteur clé de la croissance, mais il est externe, ou exogène : le modèle n'examine pas d'où vient ce changement, comment il se produit ni pourquoi il devrait être différent selon les pays. Les critiques font aussi remarquer que cette théorie ne prend en compte ni l'esprit d'entreprise, ni le capital humain, ni la compétition, ni la qualité de la politique gouvernementale, facteurs qui influencent le développement économique.

La théorie de la croissance néoclassique cherche à prédire le développement économique d'un pays sur le long terme. Appelée modèle de Solow-Swan (les économistes qui l'ont exposée en 1956), elle met en lumière les trois facteurs – technologie, capital et quantité de main-d'œuvre – qui déterminent la croissance. Accroître le capital est positif parce que les gens sont plus productifs avec davantage de moyens – jusqu'à un certain point. Cependant, cette théorie tient compte du concept des rendements décroissants. Lorsqu'une entreprise ayant un ouvrier en embauche un deuxième, la production augmente énormément. Mais, si elle a cent ouvriers, en ajouter un ne fait pas une grande différence et, à un certain moment, elle cesse de progresser, sauf si elle change de technologie. En fin de compte, les pays se retrouvent avec des économies à l'état stationnaire, où le PIB (produit intérieur brut) augmente lentement, au même rythme que la main-d'œuvre majorée par le progrès technologique. La théorie de la croissance néoclassique prédit également que le fossé entre pays riches et pauvres va se combler, selon l'hypothèse de convergence. Puisque les pays pauvres ont moins de capital avec lequel se lancer, chaque nouvelle unité produit des résultats plus élevés que ce ne serait le cas dans un pays riche. Cependant, alors que les pays aux économies, institutions et infrastructures semblables (comme ceux de l'Union européenne) peuvent converger entre eux, les pays pauvres ne peuvent les rattraper complètement : ils atteindront leur propre niveau d'état stationnaire.

**THÉORIES LIÉES**
Voir aussi
LA THÉORIE DE LA NOUVELLE CROISSANCE
page 72
LA DESTRUCTION CRÉATIVE
page 76
LE CAPITAL HUMAIN
page 78
LES LIMITES DE LA CROISSANCE
page 82

**BIOGRAPHIES EN 3 SECONDES**
ROBERT SOLOW
1924–

TREVOR W. SWAN
1918–1989

**TEXTE EN 30 SECONDES**
Katie Huston

***« Il n'y a aucune preuve que Dieu ait un jour décidé que les États-Unis d'Amérique devaient avoir un revenu individuel supérieur au reste du monde pour l'éternité. »***
**ROBERT SOLOW**

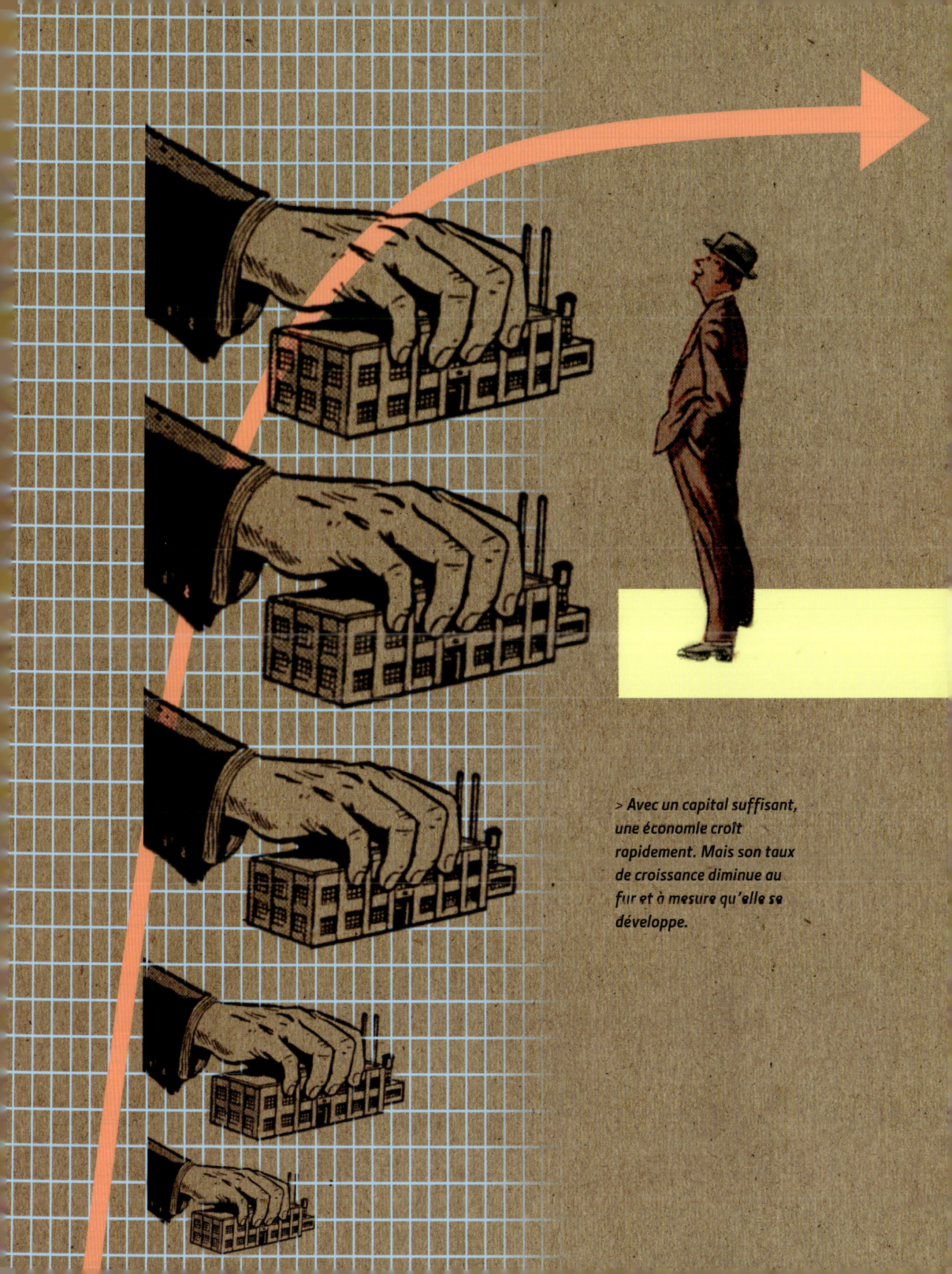

> *Avec un capital suffisant, une économie croît rapidement. Mais son taux de croissance diminue au fur et à mesure qu'elle se développe.*

# LA THÉORIE DE LA NOUVELLE CROISSANCE

## Théorie en 30 secondes

**CONDENSÉ EN 3 SECONDES**
Le capital et la main-d'œuvre sont les bienvenus, mais la croissance économique tient avant tout à l'innovation.

**RÉFLEXION EN 3 MINUTES**
La théorie de la nouvelle croissance demande que les gouvernements investissent dans l'innovation en lui fournissant un environnement favorable, par exemple grâce à l'élaboration d'un système intelligent des droits de propriété industrielle. Cependant, comment les pays en voie de développement peuvent-ils surmonter les barrières qui limitent leur capacité à appliquer une telle politique ? Un niveau trop faible de développement administratif et d'infrastructures, des revenus d'impôts insuffisants et des problèmes endémiques de corruption font que l'objectif reste particulièrement difficile à atteindre.

La théorie de la croissance nouvelle – ou endogène – a émergé suite à une insatisfaction face aux explications néoclassiques qui attribuaient la croissance économique à l'accumulation de capital et de main-d'œuvre et au processus externe de changement technologique. Mais les économistes ont commencé à demander d'où venait ce changement. Les idées nouvelles ne tombent pas du ciel, elles sont le résultat d'un travail ardu et d'un investissement. Les chercheurs ont besoin de temps pour essayer de comprendre le fonctionnement du monde, les sociétés travaillent sans relâche à l'amélioration de leurs produits et les inventeurs bricolent dans leurs garages pour fabriquer des gadgets toujours plus performants. Cet investissement dans l'innovation est le facteur clé pour expliquer la différence des taux de croissance selon les pays. L'innovation produit souvent des bénéfices qui vont au-delà d'une seule entreprise. Par exemple, un fabricant en technologie de pointe apporte de nouveaux concepts dans le domaine qui l'intéresse, puis les investissements publics dans l'éducation, les infrastructures, la recherche et le développement soutiennent la dissémination de ces idées dans le pays. Les innovations résultantes vont, à leur tour, améliorer la technologie et le socle de compétences de l'économie. La théorie de la nouvelle croissance reconnaît que les agents économiques internes sont à l'origine de ces innovations, d'où le terme de « croissance endogène » (qui se développe de l'intérieur ).

**THÉORIES LIÉES**
Voir aussi
LA CROISSANCE NÉOCLASSIQUE
page 70
LE CAPITAL HUMAIN
page 78

**BIOGRAPHIE EN 3 SECONDES**
PAUL ROMER
1955–

**TEXTE EN 30 SECONDES**
Adam Fishwick

***« La croissance économique intervient quand les gens utilisent des ressources qu'ils transforment de manière à les valoriser… l'histoire humaine nous apprend cependant que cette croissance jaillit avant tout de l'amélioration des recettes, pas du simple allongement du temps de cuisson. »***
**PAUL ROMER**

*> L'innovation est la cause directe d'une croissance saine, mais elle n'arrive pas par hasard, elle demande de l'investissement.*

**1766**
Naît en Angleterre, dans le Surrey

**1784**
Entre au Jesus College de Cambridge

**1797**
Ordonné pasteur de l'Église anglicane

**1798**
Publie *Essai sur le principe de population*

**1804**
Épouse sa cousine Harriet

**1805**
Nommé professeur d'histoire et d'économie politique au Haileybury College dans le Hertfordshire

**1815**
Publie *The Nature of Rent*

**1820**
Publie *Les Principes d'économie politique*

Publie *Définitions en économie politique*

**1834**
Meurt à Bath, en Angleterre

# THOMAS MALTHUS

**La simple mention du mot « eugénisme »** aujourd'hui est susceptible de provoquer une moue dédaigneuse suivie d'une référence aux nazis. La réaction fut assez semblable quand le prêtre anglican Thomas Malthus souleva la question dès 1798. Dans son *Essai sur le principe de population*, il suggérait que la population mondiale allait tellement augmenter qu'elle finirait par dépasser les ressources nécessaires pour l'entretenir. Parmi ses solutions se trouvait l'abandon de l'assistance aux pauvres car, selon lui, elle les encourageait à le rester et à se reproduire ; les laisser disparaître éviterait de la souffrance aux générations suivantes. Ses idées attirèrent le mépris de ses contemporains dont le poète Percy Bysshe Shelley qui le décrivit comme « un eunuque et un tyran », ainsi que de certains auteurs des décennies suivantes tels Karl Marx qui le décrivit comme « le principal ennemi du peuple ».

Cependant, pour ceux qui le connaissaient personnellement, Thomas Malthus était un grand et bel homme discret, dont le palais fendu rendait le discours difficile à suivre, mais dont les écrits débordaient d'énergie.

Élevé à la campagne, dans un domaine du Surrey, au sud de l'Angleterre, il fit ses études au Jesus College de Cambridge et fut ordonné ministre de l'Église d'Angleterre en 1788. Son père, ami des philosophes David Hume et Jean-Jacques Rousseau, l'encouragea à perfectionner ses talents discursifs. En 1805, Malthus devint professeur d'histoire et d'économie politique au Haileybury College dans le Hertfordshire et commença d'entraîner les employés de la Compagnie des Indes orientales à devenir des administrateurs efficaces. Ses étudiants l'appelaient familièrement « Pop Malthus » (diminutif de « population »). Malgré les commentaires de ses détracteurs, il était heureux en mariage et avait trois enfants.

Bien que ses idées aient attiré les foudres de ses contemporains, il eut tout de même quelques disciples célèbres. Charles Darwin le crédita d'une grande influence et John Maynard Keynes fut l'un de ses admirateurs. Étant donné l'emphase actuelle grandissante sur la durabilité de l'économie, l'accroissement démographique revient à l'ordre du jour et les idées de Malthus commencent à se répandre. Le méchant économiste pourrait bien avoir le dernier mot.

# LA DESTRUCTION CRÉATIVE

## Théorie en 30 secondes

Les nouveaux produits tuent toujours les anciens. Souvenez-vous de Polaroid® : la société avait le monopole de la photographie instantanée jusqu'à l'arrivée de l'appareil numérique. Ses profits ont alors chuté parce que les autres sociétés proposaient des solutions moins coûteuses. Avec l'avènement du DVD, la cassette vidéo ne vaut plus un clou. Plus personne n'en fabrique et les entreprises qui les produisaient ont été obligées de passer à autre chose pour survivre. Joseph Schumpeter appelait ce processus la « destruction créative » : quand une société crée un nouveau produit, améliore une technologie, découvre un meilleur gisement, invente un moyen de production plus efficace ou innove dans une méthode d'organisation industrielle, elle est susceptible de détruire sa concurrence. Contrairement à l'économie traditionnelle qui ne voit que la guerre des prix, cette théorie prend en compte celle de la nouveauté technologique. La destruction créative est menée par les entrepreneurs qui mettent en action de nouvelles idées. Schumpeter disait que l'innovation était la force motrice qui soutenait la croissance à long terme et l'appelait « l'essentiel du capitalisme ». La ruine de certaines entreprises et la disparition d'anciennes industries font partie du tableau, ce qui est douloureux mais inévitable – voire nécessaire – car de nouvelles sociétés émergent, créant de nouveaux emplois et préparant le terrain pour la croissance de nouvelles économies.

**CONDENSÉ EN 3 SECONDES**

Vive la nouveauté, à bas le démodé – c'est ainsi que progresse l'économie.

**RÉFLEXION EN 3 MINUTES**

Si l'on en croit la destruction créative, des entreprises doivent disparaître avec le progrès : le gouvernement ne doit pas aider Polaroid quand le numérique prend sa place ni protéger le petit commerce d'antan quand les supermarchés s'installent. Mais alors, pourquoi apporter une caution aux banques et aux constructeurs automobiles ? Quand les banques font faillite, l'économie tout entière en prend un coup, et les nombreux employés de la construction automobile ne peuvent plus aller chez le coiffeur ni prendre de vacances, ce qui entraîne la faillite des salons de coiffure et des agences de voyage. Une banque ou une société peut-elle être « trop grosse pour couler » ?

**THÉORIES LIÉES**

Voir aussi
L'ÉCOLE AUTRICHIENNE
page 22
LA THÉORIE DE LA NOUVELLE CROISSANCE
page 72

**BIOGRAPHIE EN 3 SECONDES**

JOSEPH SCHUMPETER
1883–1950

**TEXTE EN 30 SECONDES**

Katie Huston

*« L'impulsion fondamentale qui enclenche la machine capitaliste et la garde en mouvement vient des nouveaux consommateurs, des nouvelles marchandises, des nouvelles méthodes de production et de transport, des nouveaux marchés et des nouvelles formes d'organisation industrielle que crée l'entreprise capitaliste. »*

**JOSEPH SCHUMPETER**

*> L'avancée technologique et les méthodes de production innovantes sont deux forces évolutives qui font pousser de nouvelles sociétés sur les ruines des anciennes.*

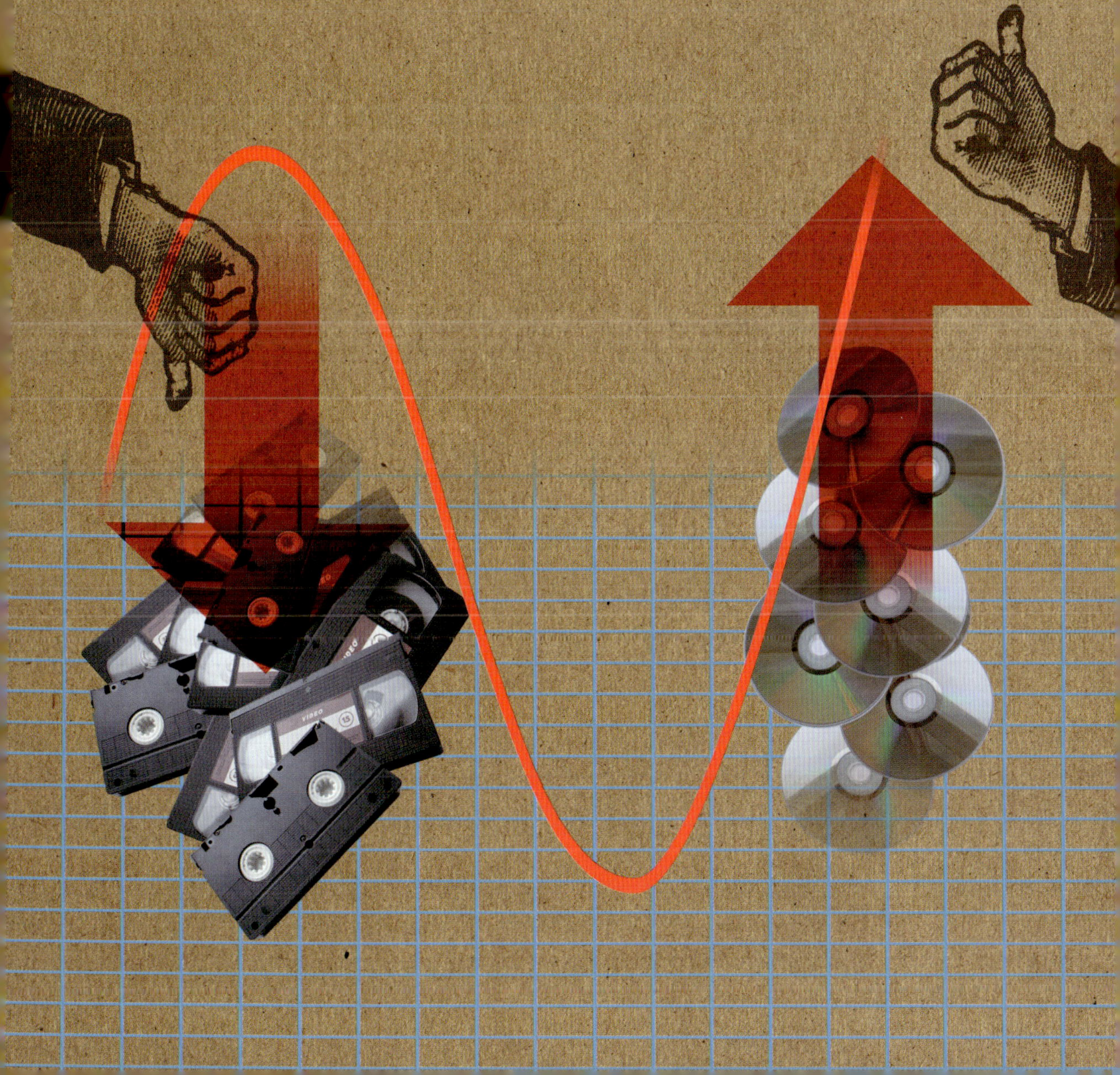

# LE CAPITAL HUMAIN

## Théorie en 30 secondes

En moyenne, ceux qui ont un diplôme universitaire gagnent plus que les simples bacheliers. C'est parce que l'éducation, ainsi que la formation professionnelle, optimisent la main-d'œuvre (connaissances, savoir-faire, expertise et santé), apportant à la fois un gain personnel et un développement économique général. Adam Smith reconnaissait que le peuple, et pas uniquement les machines et l'argent, contribuait à la croissance. Dans les années 1950 et 1960, l'économiste Jacob Mincer se servit de la théorie du capital humain pour expliquer les différences de revenu personnel, montrant que les gains annuels augmentaient de 5 à 10 % par année d'études supplémentaire. Comme l'affirmait Gary Becker dans les années 1960, investir dans l'éducation, la formation et la santé est un choix rationnel. Les travailleurs en bonne santé, ayant un bagage intellectuel et du savoir-faire sont plus efficaces, plus productifs et plus innovateurs, ce qui soutient l'économie. De plus, la main-d'œuvre, contrairement à la terre et aux machines est autogénérée, mobile et partageable. Plus un médecin travaille, plus il gagne en savoir-faire ; s'il transmet ses connaissances, cela ne l'empêche pas de les conserver et de s'en servir. Cependant, certaines notions sont davantage transférables que d'autres : le savoir-faire particulier, concernant une tâche spécifique sur une chaîne d'assemblage par exemple, n'est utile que dans une seule société ou un seul type d'industrie, alors que le capital humain global, doté d'une bonne culture générale ou de connaissances en informatique, a une valeur universelle.

**CONDENSÉ EN 3 SECONDES**
L'investissement ne concerne pas uniquement les machines et les usines. Quand on investit dans le capital humain, on obtient davantage en retour..

**RÉFLEXION EN 3 MINUTES**
Le capital humain peut expliquer pourquoi certains pays se développent et d'autres non. Après la Deuxième Guerre mondiale, l'économie européenne est rapidement revenue à la vie, malgré la destruction à grande échelle des usines et des infrastructures, grâce à sa main-d'œuvre. Mais les pays où cette dernière est clairsemée, principalement à cause d'un faible niveau de connaissances, doivent lutter pour se développer, surtout quand leurs ressortissants les plus éduqués et talentueux émigrent pour gagner de meilleurs salaires, phénomène communément appelé la « fuite des cerveaux ».

**THÉORIES LIÉES**
Voir aussi
LA DESTRUCTION CRÉATIVE
page 76
LE CHOIX RATIONNEL
page 106

**BIOGRAPHIES EN 3 SECONDES**
ADAM SMITH
1723–1790

GARY BECKER
1930–

JACOB MINCER
1922–2006

**TEXTE EN 30 SECONDES**
Katie Huston

*« Les personnes dont l'éducation et le savoir-faire sont plus élevés ont presque toujours tendance à gagner plus que les autres. »*

**GARY BECKER**

> *Accroître le capital humain en investissant dans l'éducation et la formation crée des individus plus riches et une économie plus fructueuse.*

# L'AUTORITÉ DE LA LOI

## Théorie en 30 secondes

Le libre-échange est censé faire des merveilles. Mais, pour cela, il faut plus qu'un vendeur et un acheteur. Il est utile d'avoir également quelqu'un ou quelque chose qui sert d'arbitre, au cas où ils en viendraient à se battre. Après la chute de l'Union soviétique, quand les économies des pays indépendants ont commencé à libéraliser leur marché, de nombreux économistes ont fait remarquer que, pour obtenir une croissance solide, il allait falloir restaurer l'autorité de la loi ou la créer. Cela implique l'existence de lois claires et bien documentées, d'un appareil judiciaire indépendant et capable de les faire respecter et la soumission des membres officiels des gouvernements à ces lois. Ce sont des éléments très importants car, avec le libre-échange, toute transaction se fait sur la base d'un contrat qui doit être respecté – entre deux multinationales comme entre le barman et son client. Dans le cas contraire, quelqu'un doit pouvoir imposer l'application correcte de la loi, dont l'autorité est essentielle si l'on veut attirer les investisseurs étrangers. Ceux-ci doivent être sûrs que leur argent ne sera pas détourné et qu'ils auront un recours fiable à une justice impartiale si nécessaire.

**CONDENSÉ EN 3 SECONDES**

Personne ne devrait être au-dessus des lois – pas même le gouvernement – et les tribunaux devraient avoir une totale indépendance.

**RÉFLEXION EN 3 MINUTES**

L'autorité de la loi est considérée comme si essentielle au libre-échange qu'au début des années 1990 le FMI et la Banque mondiale ont commencé à conditionner leur assistance à l'application de cette autorité dans les pays bénéficiaires. Cette restriction est souvent critiquée comme étant une forme de chantage de l'Occident pour avoir accès aux économies des pays en voie de développement.

**THÉORIE LIÉE**

Voir aussi
LE CAPITALISME LIBÉRAL
page 28

**BIOGRAPHIES EN 3 SECONDES**

HERNANDO DE SOTO
1941–

DOUGLAS NORTH
1920–

**TEXTE EN 30 SECONDES**

Christakis Georgiou

***« Le « truc mémorable », c'est que les Américains et les Européens étaient sur le point d'établir à grande échelle une loi officielle sur la propriété et d'inventer au sein de cette loi le mécanisme de conversion qui leur permettrait de générer du capital. C'est à partir de là que l'Occident a franchi la ligne de démarcation qui mène au capitalisme fructueux. »***

**HERNANDO DE SOTO**

*> L'autorité de la loi veille à garantir que, lorsqu'un contrat est signé, les clauses en sont respectées. Vous voulez acheter une usine ?*

# LES LIMITES DE LA CROISSANCE

## Théorie en 30 secondes

En 1798, Thomas Malthus faisait remarquer que, si la population mondiale continuait de s'accroître, des gens mourraient. Pourquoi ? À cause de la rareté des ressources. Il avait découvert que la courbe démographique augmentait de façon exponentielle ou « géométrique » (plus les gens sont nombreux, plus ils se reproduisent), alors que la courbe des ressources alimentaires suivait une progression linéaire ou « arithmétique » (parce que la terre a ses limites). Voyons cela de plus près : suivant une suite géométrique, la population double environ tous les vingt-cinq ans (100, 200, 400, 800, 1 600...) alors que la suite arithmétique que suit la Terre ne permet de nourrir que 100 personnes de plus par quart de siècle (100, 200, 300, 400, 500...). Malthus prédisait que cet accroissement continu apporterait maladie, famine et mort à grande échelle. Ses prophéties ne se sont pas réalisées, fort heureusement, mais ses idées ont été remises au goût du jour dans les années 1970, quand un groupe de scientifiques, d'économistes, d'hommes d'affaires et de politiciens ont commencé à reparler des limites de la croissance. Pour résumer, l'économie ne peut continuer indéfiniment à croître, parce que notre planète ne peut supporter qu'un nombre limité d'humains. La famine est un risque, mais, même si elle ne nous tue pas tous, nous viendrons à bout des ressources naturelles comme le pétrole, le cuivre, les arbres, les poissons, sans parler du risque de pollution. Le point de vue des « limites à la croissance » demande que les hommes réduisent leur empreinte environnementale et leur population pour éviter de subir les conséquences de la rareté des ressources, de la famine et du changement climatique.

**CONDENSÉ EN 3 SECONDES**
L'économie ne peut continuer à s'accroître indéfiniment, parce que la planète ne pourra subvenir aux besoins de l'humanité.

**RÉFLEXION EN 3 MINUTES**
La plupart des économistes croient que le marché peut pallier la rareté des ressources ; par exemple, quand le pétrole diminue, les prix montent, ce qui encourage les gens à moins consommer et à trouver d'autres sources d'énergie. Mais ce processus ne fonctionne pas toujours, surtout lorsqu'il s'agit de biens environnementaux communs comme les produits de la mer ou le climat, qui ne font pas l'objet de droits de propriété suffisamment élaborés. De ce fait, les gouvernements devraient rendre la croissance soutenable en la modérant par des incitations économiques fortes, telles des taxes anti-pollution ou un soutien financier aux technologies vertes. Les plus radicaux affirment que la croissance économique à long terme n'est intrinsèquement pas soutenable et appellent à la « décroissance » – c'est-à-dire à consommer moins.

**THÉORIES LIÉES**
Voir aussi
LA TRAGÉDIE DES BIENS COMMUNS
page 142
LE PRINCIPE POLLUEUR-PAYEUR
page 146

**BIOGRAPHIE EN 3 SECONDES**
THOMAS MALTHUS
**1766-1834**

**TEXTE EN 30 SECONDES**
Katie Huston

***« Le pouvoir d'accroissement démographique est infiniment plus grand que celui de la terre à produire la subsistance de l'homme. »***
**THOMAS MALTHUS**

*> La population humaine, et par extension l'économie de consommation mondiale, ne peut continuer à croître indéfiniment, car il ne restera rien à consommer au bout du compte.*

# COMMERCE INTERNATIONAL

## Commerce international
Glossaire

**Indice Big Mac** Théorie élaborée par le magazine *The Economist* pour illustrer la valeur réelle des monnaies. L'idée est que le Big Mac produit aux États-Unis devrait avoir la même valeur relative que celui qui est fabriqué au Pakistan. En étudiant les prix dans les deux pays, on établit un taux d'échange du Big Mac, puis on le compare au taux d'échange réel entre les monnaies. Si ce dernier est plus élevé que celui du hamburger, cela laisse penser que la monnaie est surévaluée et, s'il est inférieur, qu'elle est sous-évaluée.

**libre-échange** Échange sans restriction de marchandises entre les pays, sans intervention gouvernementale. Dans la pratique, de nombreux États influencent le commerce de différentes manières, soit en accordant des subventions à leurs propres produits (comme la politique agricole de l'Union européenne), soit en fixant des tarifs douaniers ou des quotas sur les produits importés (comme le tarif Smoot-Hawley aux États-Unis dans les années 1930).

**macroéconomie** Étude de l'économie dans son ensemble (du grec *makros* qui signifie « grand »). La macroéconomie tente d'expliquer les relations entre le PIB, le chômage, l'inflation, les taux d'intérêt, le commerce et d'autres facteurs économiques. Elle contraste avec la micro-économie qui s'intéresse aux actions des sociétés et des individus, ainsi qu'à la manière dont ils affectent certains marchés spécifiques.

**mobilité du capital** Capacité de l'argent à s'échanger par-dessus les frontières. Autrefois, les gouvernements imposaient souvent des restrictions pour soutenir leur monnaie. Avec l'avènement de la mondialisation, elles sont minimes aujourd'hui.

**mobilité du travail** Capacité donnée aux travailleurs de migrer à l'intérieur comme à l'extérieur de leur pays. Plus grande est la mobilité, plus gros sont les bénéfices de l'industrie car celle-ci gagne en réserve de main d'œuvre disponible ; les travailleurs y trouvent aussi leur intérêt car la mobilité leur permet de diversifier leurs opportunités. Par contre, elle menace le statut des travailleurs locaux parce qu'ils entrent en compétition avec les migrants pour trouver du travail.

**monétarisme** École de pensée menée par Milton Friedman, affirmant que la masse monétaire est le facteur le plus important pour la performance économique d'un pays. Trop d'argent mène à l'inflation, la réserve doit donc être contrôlée de près. Trop peu d'argent dans l'économie fait monter les taux d'intérêt, ce qui amène les consommateurs à économiser et à moins dépenser.

**monopole** Domination d'un marché par une entreprise à l'exclusion de toutes les autres.

**oligopole** Domination d'un marché par quelques sociétés, à l'exclusion de la plupart des autres (du grec *oligos* qui signifie « peu »). Bien que moins préjudiciable que le monopole, cette situation peut mener à la collusion et à une entente sur les prix entre les sociétés.

**subventions** Sommes offertes généralement par l'État, destinées à soutenir les producteurs et fabricants des industries les plus stratégiquement importantes. Les raisons d'accorder des subventions varient, depuis le besoin de maintenir une source d'emploi à la volonté de rester autonome dans la production de nourriture ou autre. Elles peuvent également servir à la protection des produits locaux face à leurs concurrents étrangers moins chers, et à améliorer ainsi la balance des paiements du pays.

**tarif douanier** Taxe imposée sur les marchandises transportées d'un pays à l'autre. Le but de ces taxes est généralement de gonfler les prix des produits importés pour rendre leurs homologues locaux plus attractifs. C'est une forme de protectionnisme. Les blocs commerciaux, comme l'Union européenne, sont créés pour éradiquer les tarifs douaniers et permettre le libre-échange entre les États membres, pendant que les autres nations restent soumises aux taxes et rencontrent davantage de difficultés à commercer avec les membres du bloc. Dans les pays peu développés, les tarifs douaniers servent parfois de source de revenus importante pour le gouvernement.

**taux de change** Valeur d'une monnaie par rapport à une autre. Par exemple, 1 $ peut valoir 0,61 £ ; dans ce cas, 1 £ vaut 1,63 $. Autrefois, les taux de change étaient souvent fixés (ou « indexés ») ; aujourd'hui, ils sont pour la plupart fluctuants et déterminés par les marchés.

# L'AVANTAGE COMPARATIF

## Théorie en 30 secondes

**CONDENSÉ EN 3 SECONDES**
Vous produisez ce que vous êtes le « plus meilleur » à produire et je fais ce que je suis le « moins pire » à faire – il y en aura plus pour tout le monde.

**RÉFLEXION EN 3 MINUTES**
La théorie de Ricardo est toujours le meilleur moyen d'expliquer les bénéfices commerciaux, mais elle a ses limites. Le concept simple passe sous silence certaines complications réalistes telles que le coût du transport, le chômage, le coût de la délocalisation du travail et du capital d'une industrie à l'autre, les barrières commerciales comme les subventions et les tarifs douaniers, et la différenciation entre les produits, tous facteurs très importants. Ricardo disait également que l'argent ne pouvait traverser les frontières, ce qui met à mal sa théorie à l'âge des sociétés multinationales et de la mobilité du capital international.

Kate et Sawyer sont sur une île déserte. Kate peut pêcher 10 poissons ou ramasser 10 mangues par jour ; Sawyer peut prendre 4 poissons ou 8 mangues. Si chacun se débrouille seul et partage son temps équitablement, Kate aura 5 poissons et 5 mangues par jour, Sawyer aura 2 poissons et 4 mangues, 7 poissons et 9 mangues en tout. Kate a l'avantage dans les deux sortes de produits, mais cela ne signifie pas qu'elle doive à la fois attraper des poissons et récolter des mangues. S'ils décident d'échanger, ils peuvent tous les deux manger davantage que si chacun essaie de faire les deux activités. Comment ? C'est une simple question de coût d'opportunité – combien de poissons abandonner pour une mangue, et vice versa. Pour un poisson, Kate renonce à une mangue, quand Sawyer en perd deux. Kate a donc un moindre coût d'opportunité et, par conséquent, un avantage comparatif sur les poissons. De son côté, Sawyer a un avantage en ce qui concerne les mangues : il perd une moitié de poisson par mangue, alors que Kate en perd un entier. S'ils se spécialisent, Kate peut attraper 10 poissons et Sawyer peut récolter 8 mangues. Or, Kate peut aussi prendre 9 poissons et 1 mangue, pour avoir 9 poissons et 9 mangues en tout – 2 poissons de plus qu'au départ. Ricardo appliqua cette théorie au commerce international : si les pays se spécialisent selon leur avantage comparatif et échangent librement, tous sont gagnants.

**THÉORIE LIÉE**
Voir aussi
LE CAPITALISME LIBÉRAL
page 28

**BIOGRAPHIE EN 3 SECONDES**
DAVID RICARDO
(1772–1823)

**TEXTE EN 30 SECONDES**
Katie Huston

*« Si deux pays peuvent produire les mêmes marchandises, par exemple du blé et du tissu, mais pas avec la même aptitude comparative, ils trouveront leur avantage à se cantonner chacun à l'une des activités et à échanger l'autre. »*
**JAMES MILL**

*> Si les pays produisent ce qu'ils savent le mieux faire – mangues ou poisson, peu importe – tous en bénéficient.*

# LE MODÈLE COMMERCIAL DE HECKSCHER-OHLIN

## Théorie en 30 secondes

Bâti sur la théorie de l'avantage comparatif, le travail d'Eli Heckscher et Bertil Ohlin montre qu'une productivité permanente mais différente selon les pays ne suffit pas à expliquer les bénéfices du libre-échange. Ils ont cherché à élargir la théorie en prenant en compte la variété des facteurs de production – lieu, main-d'œuvre, capital – et la manière dont ils influent sur l'avantage comparatif. Par exemple, alors qu'un pays développé, disons les États-Unis, possède une relative abondance de capital et une main-d'œuvre qualifiée, un pays en voie de développement, par exemple le Mexique, possède une abondance de main-d'œuvre moins qualifiée. Par conséquent, afin que chacun de ces pays puisse bénéficier du libre-échange, ils doivent se concentrer sur les types de production qui utilisent leurs éléments les moins chers comparativement. Une technologie nécessitant une main-d'œuvre très qualifiée et un important capital, comme la fabrication de logiciels, de produits pharmaceutiques ou aéronautiques, s'installera de préférence aux États-Unis, quand une production où le travail est intensif, comme l'obtention de matière première ou l'assemblage de pièces, se fera au Mexique. Une telle spécialisation augmente les bénéfices commerciaux. Par exemple, les pays développés peuvent acheter leur matière première et des produits moins chers sur le marché international, pendant que les autres pays ont accès à des importations de technologies à des prix raisonnables. La croissance est améliorée par ces échanges, et la concentration sur la production intensive voit monter les taux salariaux en réaction à la demande grandissante en main-d'œuvre.

**CONDENSÉ EN 3 SECONDES**

Ne pas voir ce que vous êtes mais ce que vous avez – là se tient l'avantage comparatif !

**RÉFLEXION EN 3 MINUTES**

Le modèle commercial de Heckscher-Ohlin prévoit que les pays riches exportent des produits qui mobilisent beaucoup de capitaux en laissant la production qui nécessite une main-d'œuvre importante aux pays où celle-ci est abondante et moins chère. Cependant, cela implique que les derniers continuent d'exporter des marchandises à bas prix en échange des produits de haute technologie des premiers. On peut prétexter que ces modèles sont construits de longue date, mais quel est le rôle joué par le gouvernement ? A-t-il laissé faire passivement l'avantage comparatif ou l'a-t-il créé intentionnellement ?

**THÉORIES LIÉES**

Voir aussi
LA CROISSANCE NÉOCLASSIQUE
page 70
LA THÉORIE DU COMMERCE INTERNATIONAL
page 92

**BIOGRAPHIES EN 3 SECONDES**

ELI HECKSCHER
1879–1952

BERTIL OHLIN
1899–1979

PAUL SAMUELSON
1915–

**TEXTE EN 30 SECONDES**
Adam Fishwick

***« Les marchandises nécessitant beaucoup de [facteurs de production relativement abondants] et peu de [facteurs relativement rares] pour être produites sont exportées en échange de celles qui nécessitent des facteurs dans les proportions opposées. »***

**BERTIL OHLIN**

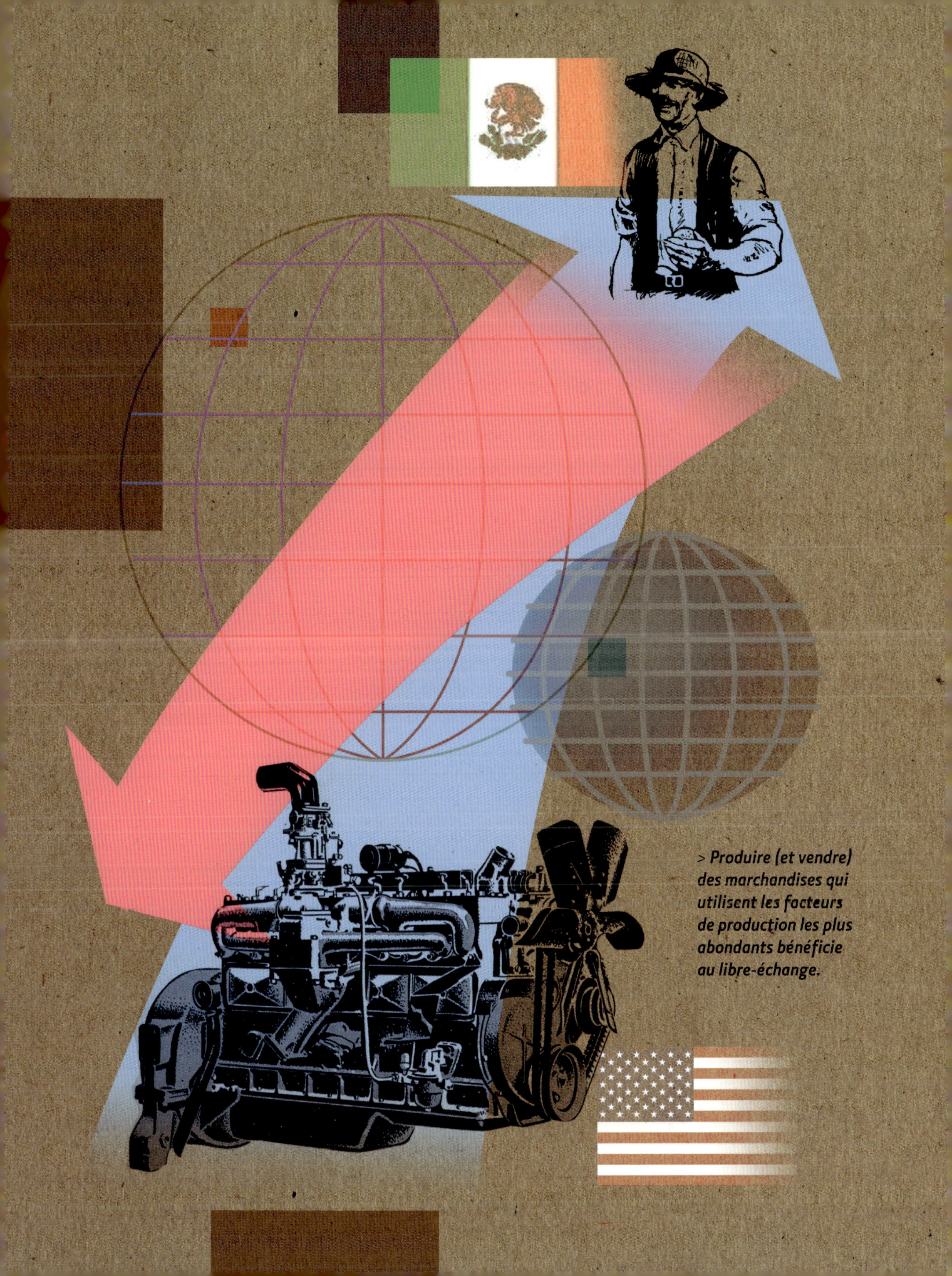

*> Produire (et vendre) des marchandises qui utilisent les facteurs de production les plus abondants bénéficie au libre-échange.*

# LA THÉORIE DU COMMERCE INTERNATIONAL

## Théorie en 30 secondes

Paul Krugman, le « théoricien du commerce international », cherchait à mettre en lumière pendant les années 1960 et 1970 deux éléments négligés : les rendements d'échelle croissants et la concurrence imparfaite. En se concentrant sur la nature de la production industrielle, il affirmait que les « économies d'échelle » offraient un avantage particulier aux grosses sociétés, capables de produire à un coût bien moins élevé que les petites entreprises qui se lancent dans le même secteur. Cela implique que le fait d'être parmi les premiers arrivés dans une industrie donne un gros avantage qui permet d'accumuler les rendements croissants et d'étouffer les concurrents potentiels, avec pour résultat une situation de concurrence entre monopoles ou oligopoles, où d'énormes sociétés localisées dans les pays riches dominent certains secteurs industriels et façonnent le profil du commerce international. Les partisans de cette théorie disent que l'intervention gouvernementale serait capable de recréer une telle situation. Les tarifs douaniers et les subventions protectrices permettraient à quelques sociétés de s'épanouir et « créeraient » ainsi un avantage compétitif qui n'existait pas auparavant. Si l'on offre à une équipe de football universitaire les meilleurs entraîneurs, les meilleurs équipements sportifs et qu'on la fait jouer régulièrement contre les meilleures équipes, elle a de grandes chances de parvenir au sommet – les aides gouvernementales aux entreprises agiraient de cette manière-là.

**CONDENSÉ EN 3 SECONDES**

Si les plus grosses sociétés sont plus efficaces, les gouvernements pourraient peut-être créer l'avantage compétitif.

**RÉFLEXION EN 3 MINUTES**

Le succès des Japonais dans l'exportation de produits industriels de pointe est cité comme preuve solide de l'importance permanente de la politique industrielle pour le commerce international. Cependant, les monopoles que l'intervention gouvernementale contribue à installer peuvent empêcher les changements structuraux nécessaires et donner une trop grande influence aux sociétés soutenues par l'État. Qui plus est, les gouvernements sont-ils toujours les meilleurs juges en matière d'investissements ? Ils se trompent souvent, et leurs erreurs peuvent être mis en balance avec les bénéfices présumés de leurs interventions.

**THÉORIES LIÉES**

Voir aussi

LE CAPITALISME LIBÉRAL
page 28
LE MERCANTILISME
page 36
LA THÉORIE DE LA NOUVELLE CROISSANCE
page 72
L'AVANTAGE COMPARATIF
page 88
LA RECHERCHE DE RENTE
page 154

**BIOGRAPHIES EN 3 SECONDES**

ELHANAN HELPMAN
1946–

PAUL KRUGMAN
1953–

**TEXTE EN 30 SECONDES**

Adam Fishwick

***« Une petite avance prise par une région se cumulera au fil du temps, les exportations de la région de tête évinçant le secteur industriel des zones à la traîne. »***

**PAUL KRUGMAN**

*> Si c'est la taille qui compte, les gouvernements devraient intervenir pour créer de plus grosses sociétés.*

**1772**
Naît à Londres

**1786**
Rejoint son père dans les affaires

**1793**
Épouse Priscilla Anne Wilkinson

**1810**
Publie *Essai sur le haut prix du lingot : preuve de la dépréciation des billets de banque*

**1814**
Se retire des affaires, en possession d'une fortune

**1815**
Publie *Essai sur l'influence des bas prix du blé sur les profits du capital*

**1817**
Publie *Des principes de l'économie politique et de l'impôt*

**1819**
Élu député de Portarlington, en Irlande

**1823**
Meurt à Gatcombe Park, dans le Gloucestershire

# DAVID RICARDO

**Si tant est qu'une personne soit jugée sur ses actes,** les références de David Ricardo dans le monde de la finance peuvent sans nul doute servir de recommandation pour ses idées plus philosophiques sur l'économie. L'un des dix-sept enfants d'une famille juive séfarade ayant migré de Hollande en Angleterre peu de temps avant sa naissance, il avait hérité de son père un don quasi magique pour le marché financier. Rejoignant les affaires paternelles à l'âge de quatorze ans, il se fit si rapidement une réputation que, lorsqu'il partit sept ans plus tard, il fut capable de monter sa propre société. Pourquoi ce départ ? L'agent de change sérieux et pondéré qu'il était venait de tomber amoureux d'une jolie quakeresse et, pour l'épouser, il renia famille et religion. Sa mère ne lui adressa plus jamais la parole. Son succès dans la finance continua cependant, à tel point qu'il devint totalement indépendant à vingt-six ans et se retira des affaires à l'âge de quarante-deux ans, en possession d'une fortune de deux millions et demi de dollars. Pendant ce temps, huit enfants étaient nés de leur union.

Ricardo se tourna vers l'économie après la lecture de l'ouvrage d'Adam Smith, *La richesse des nations.* Il n'avait pas trente ans et en fit une sorte de passe-temps, fréquentant quelques-uns des grands penseurs de l'époque, tels James Mill et Thomas Malthus. Il devint un avocat précoce de la théorie monétaire et sema la zizanie en 1809 quand il accusa la Banque d'Angleterre de créer l'inflation en imprimant trop de billets. Cependant, ses plus grandes contributions à la théorie économique furent la loi des rendements marginaux décroissants – expliquée dans son *Essai sur l'influence des bas prix du blé sur les profits du capital* (1815) – et la théorie de l'avantage comparatif, exposée dans son ouvrage décisif, *Des principes de l'économie politique et de l'impôt,* en 1817. Membre du Parlement de 1819 à sa mort en 1823, il était respecté de la classe politique aussi bien à gauche qu'à droite

# LA ZONE MONÉTAIRE OPTIMALE

## Théorie en 30 secondes

Comment peut-on savoir si une économie locale, comme celle d'un pays, a intérêt à avoir sa propre monnaie ou si deux ou plusieurs pays doivent adopter une monnaie commune ? L'économiste Robert Mundell reçut le prix Nobel d'économie en 1999 pour avoir bâti une théorie sur la question. Il préconise que, si plusieurs économies locales ne répondent pas toutes de la même manière aux chocs extérieurs, il vaut mieux qu'elles gardent leurs monnaies particulières et adoptent des taux de change fluctuants qui serviront de tampons et préserveront la stabilité de chacune. Comment savoir si l'homogénéité est suffisante pour créer une monnaie commune ? Mundell propose quatre critères : les travailleurs doivent être prêts à changer de lieu pour trouver du travail ; il doit y avoir une liberté de mouvement du capital ; l'économie doit être diversifiée ; et il doit exister un système fiscal qui puisse transférer de l'argent d'un lieu à l'autre au besoin. La théorie de la zone monétaire optimale a été utilisée en faveur de la création de l'euro, monnaie commune à seize pays européens.

**CONDENSÉ EN 3 SECONDES**
Si une économie est homogène, elle peut partager une monnaie unique. Si elle ne l'est pas, chaque pays doit garder sa propre monnaie.

**RÉFLEXION EN 3 MINUTES**
Le problème de cette théorie, c'est qu'elle peut uniquement constater si une monnaie existante réussit le test de la zone monétaire optimale ou si plusieurs monnaies peuvent se réunir en une seule, mais elle parle très peu de la manière d'entrer dans la zone. Il existe une autre difficulté : l'Union européenne ne remplit pas tous les critères, puisqu'elle a une très faible mobilité du travail et ne possède aucun système fiscal permettant de transférer l'argent des pays riches vers les pays pauvres.

**THÉORIE LIÉE**
Voir aussi
L'IMPOSSIBLE TRINITÉ
page 98

**BIOGRAPHIE EN 3 SECONDES**
ROBERT MUNDELL
1932–

**TEXTE EN 30 SECONDES**
Christakis Georgiou

***« L'avènement de l'euro peut s'avérer être le développement le plus important au sein des arrangements monétaires internationaux depuis l'émergence du dollar en tant que monnaie dominante peu après la création de la banque centrale des États-Unis, le Système fédéral de réserve, en 1913. »***

**ROBERT MUNDELL**

*> Il y a jusqu'à présent seize pays européens dont les économies sont considérées comme suffisamment homogènes pour partager une monnaie – l'euro.*

# L'IMPOSSIBLE TRINITÉ

## Théorie en 30 secondes

Quand il s'agit de politique monétaire, les États se font exigeants. Ils peuvent demander un taux de change fixe – par lequel une valeur monétaire est indexée sur les autres – pour stabiliser le commerce international. Ils exigent la mobilité des capitaux pour que les investisseurs transportent leur argent d'un pays à l'autre. Et ils veulent aussi garder le contrôle sur leur politique monétaire, afin de pouvoir changer les taux d'intérêt pour combattre le chômage ou l'inflation. Cependant, Robert Mundell et Marcus Fleming ont démontré en 1962 qu'il n'est possible d'obtenir que deux des trois choses ci-dessus, selon un principe appelé « trilemme ». Imaginons que le Mexique choisisse un taux de change fixe. Il possède aussi la mobilité des capitaux, puisque la finance internationale actuelle traverse librement les frontières, que cela lui plaise ou non. Si le pays essaie de prendre le contrôle sur sa politique monétaire – par exemple, en baissant les taux d'intérêt pour combattre le chômage – il se crée un problème. Si ces taux chutent, les investisseurs vont fuir sa monnaie pour trouver ailleurs de meilleurs rendements. Cela signifie que le Mexique devra défendre sa monnaie en utilisant ses précieuses réserves, ou admettre sa défaite et remonter les taux d'intérêt. Pour résumer, si un pays veut avoir un taux de change fixe et la mobilité des capitaux, il ne peut pas avoir de politique monétaire indépendante. Les gouvernements sont donc obligés de faire un choix : donner la priorité à la gestion macroéconomique – la capacité de réagir à l'inflation ou à la récession – ou à un commerce international stable.

**CONDENSÉ EN 3 SECONDES**

Taux de change fixe, mobilité des capitaux ou contrôle de la politique monétaire ? Choisissez-en deux, parce que vous ne pouvez pas tout avoir. Quel trilemme !

**RÉFLEXION EN 3 MINUTES**

La mobilité des capitaux n'a pas toujours été une évidence ; en fait, l'histoire du système monétaire international se réduit à deux objectifs poursuivis par les gouvernements. Avant la Grande Dépression, la plupart des États choisissaient la mobilité des capitaux et les taux de change fixes, et leurs banques centrales ne pouvaient donc pas combattre le chômage. Après la Deuxième Guerre mondiale, les pays mirent en œuvre des contrôles des capitaux afin d'obtenir des taux de change fixes et un contrôle des politiques monétaires. Mais, aujourd'hui, on ne peut plus vraiment se passer de mobilité, et même la Chine lève ses contrôles sur les capitaux.

**THÉORIE LIÉE**

Voir aussi
LE MONÉTARISME
page 48

**BIOGRAPHIES EN 3 SECONDES**

ROBERT MUNDELL
1932–

JOHN MARCUS FLEMING
1911–1976

**TEXTE EN 30 SECONDES**

Katie Huston

***« Si on lit la littérature monétaire internationale du temps où Mundell était en pleine gloire, on a l'impression qu'il était en avance de dix ou quinze ans sur ses contemporains. ... Il imaginait un monde dans lequel l'argent voyageait librement et massivement partout où il pouvait obtenir les meilleurs rendements. »***

**PAUL KRUGMAN**

*> Un pays peut choisir d'avoir un taux de change fixe et de favoriser la mobilité des capitaux, au détriment du contrôle de sa politique monétaire.*

# LA PARITÉ DE POUVOIR D'ACHAT

## Théorie en 30 secondes

Que vaudrait un dollar en livres ou en yens dans un monde sans frontières ou, comme le disent les économistes, dans lequel les marchés ne seraient pas dénaturés et fonctionneraient partout librement ? Dans un tel monde, tout serait au même prix, que l'on vive à New York, Paris ou Tokyo. Et cela se refléterait sur les taux de change des différentes monnaies. Si la même voiture coûtait 15 000 dollars à New York et 9 000 livres à Londres, un dollar devrait valoir 0,60 livre, mais l'économie ne fonctionne pas comme ça. La plupart du temps, les taux de change ne correspondent pas à la parité de pouvoir d'achat. Les économistes disent alors que l'une des monnaies est « sous-évaluée » et l'autre « surévaluée ». Pour continuer avec l'exemple ci-dessus, si le taux de change est d'1 dollar pour 0,5 livre, le dollar est sous-évalué et la livre surévaluée. Le magazine *The Economist* propose un critère de référence pour comparer les monnaies. Il s'agit du fameux index Big Mac, qui examine le prix en dollars du célèbre hamburger vendu dans tous les pays. En 2009, le plus cher était celui de la Norvège (5,79 $) et le moins cher celui de la Malaisie (1,70 $), suggérant que ces monnaies étaient l'une la plus surévaluée et l'autre, la plus sous-évaluée. Aux États-Unis, le Big Mac coûtait 3 ,54 $.

**CONDENSÉ EN 3 SECONDES**
Débarrassons-nous des frontières et notre hamburger sera au même prix partout. S'il ne l'est pas, c'est parce que les gouvernements jonglent avec les taux de change.

**RÉFLEXION EN 3 MINUTES**
Le problème de cette théorie, c'est qu'elle imagine un monde ouvert idéal, qui n'existe pas. Son côté positif est qu'elle propose un repère pour comparer les valeurs des différentes monnaies. Mais cela aussi pose des difficultés. Comment comparer deux économies quand la façon de consommer est si différente d'un pays à l'autre ? L'index Big Mac est critiquable parce que la demande en restaurants McDonald's n'est pas la même dans les pays développés et dans ceux qui sont en voie de développement.

**THÉORIES LIÉES**
Voir aussi
L'IMPOSSIBLE TRINITÉ
page 98
LA ZONE MONÉTAIRE OPTIMALE
page 96

**BIOGRAPHIE EN 3 SECONDES**
KARL GUSTAV CASSEL
1866–1945

**TEXTE EN 30 SECONDES**
Christakis Georgiou

*« Une monnaie mondiale ! »*
**KARL GUSTAV CASSEL (DERNIÈRES PAROLES)**

*> Dans une véritable économie mondiale libre, une fois le taux de change pris en compte, tout serait au même prix partout.*

CHOIX

**Choix**
Glossaire

**analyse coût-bénéfice** Processus de prise de décision par lequel une personne décide si le bénéfice tiré de quelque chose justifie son coût d'acquisition ou de mise en œuvre.

**altruisme** Désir de faire du bien aux autres sans attente de gains personnels. Ce concept, en contradiction avec l'idée communément répandue qui consiste à croire que tout ce qui intéresse les êtres humains c'est d'augmenter leurs propres revenus, se concilie difficilement avec la plupart des théories économiques classiques.

**aversion au risque** Refus de prendre des risques. L'aversion au risque chez une personne la conduit à investir son argent dans des valeurs sûres au faible retour sur investissement (par exemple, un compte d'épargne ou des bons du trésor) au lieu de s'exposer aux caprices du marché financier. Celui qui a moins peur du risque préfère investir dans des actions, qui offrent un grand potentiel de gains mais aussi des possibilités de pertes plus importantes.

**cadrage** Façon dont une personne perçoit le monde et manière dont sa vision influence ses prises de décision, économiques ou autres. Le cadrage peut être déterminé par l'éducation parentale et scolaire, l'environnement social ainsi que la personnalité du sujet. Il peut être manipulé par les politiciens, les publicistes ou autres personnes désirant influer sur les résultats.

**économie comportementale** Approche qui tient compte des facteurs sociaux et émotionnels dans le processus de prise de décision. Alors que les modèles précédents avaient délibérément rejeté la psychologie pour s'établir comme science pure, l'économie comportementale cherche à montrer que le choix est influencé par le cadrage, l'intuition et la pression des pairs. La conclusion importante est que la prise de décision n'est pas nécessairement un processus rationnel comme on le croit généralement.

**exubérance irrationnelle** Expression utilisée par Alan Greenspan, le dernier président de la Réserve fédérale des États-Unis, pour décrire l'expansion des marchés financiers des années 1990. Il suggérait que le marché était surévalué et risquait de retomber brutalement dans la réalité – prédiction qui s'est révélée exacte quelques années plus tard. Cette expression est de Robert Shiller, qui l'a utilisée comme titre de son ouvrage publié en 2000.

**lobbyiste** Personne employée pour persuader le gouvernement d'adopter une politique bénéficiant aux intérêts spécifiques d'une association ou d'une société particulière. Le terme vient sans doute de la tradition consistant à aborder les parlementaires pendant qu'ils sont dans les halls (ou « lobbies ») du Parlement de Londres avant et après les débats.

**monopole** Domination d'un marché par une entreprise à l'exclusion de toutes les autres.

**subprime** Littéralement, sous (« *sub* ») le meilleur (« *prime* » en anglais). Le terme s'applique aux prêts comportant un risque très élevé de défaut de paiement. Il existe plusieurs raisons qui amènent à classer un prêt dans les « subprimes ». Les emprunteurs peuvent avoir une faible capacité de remboursement et/ou un historique de mauvais payeurs. Le prêt lui-même peut représenter une proportion du capital plus élevée que la normale recommandée (par exemple, hypothèques de 110 %). L'emprunteur peut ne pas avoir fourni tous les justificatifs habituels (par exemple, un bulletin de salaire).

**utilité** Mesure de ce que gagne une personne à poursuivre une certaine action. En économie, cela se réfère surtout à la consommation de biens et de services. L'économie classique affirme que le particulier est uniquement motivé par ce qui optimise l'utilité, bien que des théories ultérieures aient tenté de créer un modèle plus harmonieux.

# LE CHOIX RATIONNEL

## Théorie en 30 secondes

**CONDENSÉ EN 3 SECONDES**
Les hommes ne prennent pas de décisions sans une bonne raison. Qu'ils choisissent une voiture, une université ou une épouse, ils examinent toutes les données disponibles et se créent un jugement rationnel.

**RÉFLEXION EN 3 MINUTES**
Becker affirmait que les gens utilisaient l'analyse coût / bénéfices pour tous leurs choix, y compris en matière d'altruisme, de crime, de discrimination, d'affaires familiales et domestiques, et même de punition. Cependant, commettre un meurtre ou devenir alcoolique ne participe pas vraiment d'un choix et d'autres théories viennent contrer celle-ci pour expliquer certains comportements. La psychologie par exemple explique que les gens ne sont pas toujours rationnels mais utilisent leur instinct et quelques repères pour prendre leurs décisions. D'autres théories mettent l'accent sur la myopie (manque de vision à long terme) et l'inertie (tendance à ne pas agir).

Tout le monde veut être le plus heureux possible, malgré les contraintes que l'on subit. Quand il s'agit de prendre des décisions, que ce soit pour acheter une voiture ou pour partir en vacances, chacun utilise toute l'information disponible et soupèse les coûts et les bénéfices pour faire le choix rationnel qui lui permettra d'atteindre le bonheur, ce « bon » choix qui optimise l'utilité. Dans un monde idéal, chaque personne devrait accéder à toute l'information existante sur tous les choix et leurs résultats éventuels et avoir le temps et la possibilité de peser chaque décision par rapport aux autres – mais c'est rarement le cas. Gary Becker, contributeur clé de la théorie, explique que la rationalité n'est pas la même pour tous, qu'elle se fonde plutôt sur les vues et préférences individuelles, et qu'elle est soumise à des contraintes de temps, de revenu, de capacité cognitive et d'accès à l'information. Cela aide les économistes à analyser la prise de décision sous l'angle de l'incertitude ; ils peuvent modeler la conduite « rationnelle » pour prédire les futures actions des gens, ce qui permet de prévoir des tendances économiques plus larges. La théorie est également très utilisée en politique et en sociologie. En politique, elle a réorganisé l'étude des groupes d'intérêt, des élections et de la bureaucratie et a fourni un moyen de comprendre les relations entre États ; en sociologie (et plus spécifiquement en criminologie), on l'utilise pour comprendre les raisons qui poussent à commettre des crimes, afin d'éviter qu'ils se renouvellent.

**THÉORIES LIÉES**
Voir aussi
L'ÉCONOMIE CLASSIQUE
page 12
LES ATTENTES RATIONNELLES
page 56
LA THÉORIE DES JEUX
page 108
LE CHOIX PUBLIC
page 112
LA THÉORIE DE L'UTILITÉ ESCOMPTÉE
page 114

**BIOGRAPHIES EN 3 SECONDES**
JEREMY BENTHAM
1748–1832

GARY BECKER
1930–

**TEXTE EN 30 SECONDES**
Katie Huston

***« Les particuliers maximisent leur bien-être tel qu'ils le conçoivent, qu'ils soient égoïstes, altruistes, loyaux, malveillants ou masochistes. »***
**GARY BECKER**

*> Toutes les décisions que nous prenons dans la vie, qu'il s'agisse d'acheter une voiture ou de décider de nous marier, sont fondées sur la mise en balance du pour et du contre pour chaque option, en utilisant toute l'information disponible.*

# LA THÉORIE DES JEUX

## Théorie en 30 secondes

Tous les jours, des décisions stratégiques sont prises par des particuliers, des entreprises et des gouvernements. Comme dans tout jeu de stratégie, elles interviennent sans que le joueur soit informé – ou très mal – des décisions des autres. Sans cette connaissance, comment peut-on choisir la suite des actions à mener ? La théorie des jeux est utilisée en économie pour donner un modèle à la prise de décision dans un environnement éminemment stratégique. Le but est de comprendre les interactions qui interviennent quand les résultats d'un « joueur » dépendent des choix des autres. Plus généralement, la théorie déclare que tous les choix sont simultanés. Chaque participant au « jeu » prend sa décision en fonction de ce qu'il prévoit du comportement des autres. Microsoft annoncera-t-il la sortie de son dernier produit s'il s'attend à voir Apple éditer quelque chose d'équivalent ? De plus, certains cas ont récemment attiré l'attention sur le fait que la gestion du temps est séquentielle et se fonde sur des jeux renouvelés. L'interaction répétée signifie que les sociétés ne prennent pas leurs décisions uniquement en pensant aux profits immédiats, mais également en anticipant les réactions de leurs concurrents. Par exemple, Coke va-t-il décider de baisser ses prix sachant que Pepsi peut réagir par une guerre des étiquettes dans laquelle les deux entreprises seraient perdantes et qui pourrait permettre à l'une d'elles d'augmenter considérablement ses parts de marché ?

**CONDENSÉ EN 3 SECONDES**

Quel est le point commun entre les affaires, l'amour et la guerre ? Ce sont tous des jeux de stratégie.

**RÉFLEXION EN 3 MINUTES**

Les partisans de la théorie des jeux mettent l'emphase sur ses qualités prédictives. Comme elle fournit des moyens scientifiques pour créer des modèles comportementaux, elle est vue comme un outil vital dans la compréhension des complexités de la prise de décision. Cependant, un modèle mathématique des interactions stratégiques peut-il vraiment reproduire le réseau d'influences qui agissent sur les choix économiques ? Par exemple, les facteurs extérieurs au « jeu » peuvent avoir un impact important sur ces décisions.

**THÉORIES LIÉES**

Voir aussi
LE CHOIX RATIONNEL
page 106
LE CHOIX PUBLIC
page 112

**BIOGRAPHIES EN 3 SECONDES**

ANATOL RAPOPORT
1911–2007

JOHN NASH
1928–

**TEXTE EN 30 SECONDES**

Adam Fishwick

***« Le général qui gagne une bataille a médité, calculé, avant de combattre. Le général qui perd une bataille a fait moins de calculs. Donc, beaucoup de stratégie mène à la victoire, peu de stratégie à la défaite : que dire du hasard total ! »***

**SUN TZU**

> *Les décisions stratégiques se prennent selon les actions et réactions présumées des autres joueurs. À vous de jouer.*

1930
Naît à Pottsville, en Pennsylvanie

1951
Obtient sa licence à l'université de Princeton

1954
Épouse Doria Slote

1955
Reçoit son diplôme de doctorat à l'université de Chicago

1957
Publie *The Economics of Discrimination*

1958
Devient professeur d'économie à l'université de Columbia

1970
Devient professeur d'économie à l'université de Chicago

1980
Épouse Guity Nashat

1981
Publie *A Treatise on the Family*

1983
Devient professeur de sociologie à l'université de Chicago

1985-2004
Tient un éditorial mensuel dans le magazine *Business Week*

1992
Reçoit le prix Nobel d'économie

2007
Reçoit la Médaille présidentielle de la liberté des mains de George W. Bush

# GARY BECKER

**Les enfants représentent-ils un meilleur** investissement que les pensions de retraite ? Les gens pratiquent-ils la discrimination en augmentant le prix de la transaction quand ils vendent à un groupe ethnique différent ? Les criminels soupèsent-ils rationnellement les gains financiers que leur rapporte leur méfait par rapport à la peine qu'ils encourent s'ils se font prendre ? Les couples fortunés ont-ils plus de chances de rester ensemble que les couples pauvres parce que, pour eux, le coût du divorce est plus lourd ? Ces questions sont rarement posées par les théories économiques traditionnelles, pourtant ce sont quelques-unes des réflexions soulevées par Gary Becker, qui a passé sa vie à fusionner les disciplines souvent antagonistes que sont l'économie et la sociologie.

Né en 1930 à Pottsville en Pennsylvanie, son intérêt pour l'économie a débuté alors qu'il lui fallait lire les revues spécialisées à son père dont la vue était défaillante. Son application pratique de théories souvent abstraites fut encouragée par Milton Friedman, son professeur à l'université de Chicago dans les années 1950. Son premier travail de concrétisation de ces théories fut tout d'abord rejeté par le *Journal of Political Economy,* et il fallut plusieurs années pour que son approche soit acceptée – plutôt à reculons – dans le courant de pensées. Son premier livre, *The Economics of Discrimination,* publié en 1957, qui analysait l'impact des préjugés raciaux sur l'emploi des minorités, reçut des critiques mitigées bien qu'il soit aujourd'hui considéré comme une œuvre décisive. L'une de ses théories les plus controversées fut son « théorème de l'enfant gâté », publié dans son ouvrage *A Treatise on the Family,* qui stipule que même un « enfant gâté » se comporte bien avec ses frères et sœurs afin de s'assurer une plus grande part de la bienveillance parentale. L'économie, suggère-t-il, opère même au sein des relations familiales.

Dans les années 1990, le reste du monde avait rejoint Becker et il reçut le prix Nobel d'économie. Son style humoristique a été largement adopté depuis lors dans toute une série de livres de vulgarisation de l'économie comme Freakonomics, *The Economics Naturalist,* et *The Undercover Economist.*

# LE CHOIX PUBLIC

## Théorie en 30 secondes

**CONDENSÉ EN 3 SECONDES**
Le politicien est un homme comme les autres ; il a beau parler de bien public, c'est son intérêt personnel qui prime.

**RÉFLEXION EN 3 MINUTES**
Le choix public est souvent critiqué comme étant partial. Cependant, ses partisans répondent que même les motifs altruistes ou humanitaires peuvent avoir une explication égoïste. La recherche de l'intérêt public est ainsi possible, mais uniquement si elle s'accorde aux intérêts particuliers ! Les théoriciens du choix public croient aussi analyser l'action politique à l'aide d'outils scientifiques, mais ils ne font souvent que défendre leurs propres convictions, en prônant un gouvernement plus restreint.

Les théoriciens du choix public appliquent le point de vue du choix rationnel à la politique. Ils pensent que les acteurs politiques et économiques se comportent de la même manière – en cherchant à maximiser leur intérêt personnel. Les politiciens traitent souvent l'État comme un tout, alors que les partisans du choix public considèrent toute action comme devant résulter des intérêts personnels de multiples individus. Selon eux, les décisions sont prises par des bureaucrates cherchant à augmenter leur salaire et des hommes d'État qui visent à être réélus. Si la politique suivait les mêmes règles que le marché économique, on pourrait s'attendre à ce qu'elle soit aussi efficace. Cependant, la compétition, qui assure l'efficience du marché, y est moins présente. Par exemple, les responsables en charge de l'agriculture ont le monopole sur les décisions politiques dans ce domaine – ils ont le contrôle total sur la manière dont ils gèrent le budget. Le résultat est que leurs décisions ont tendance à ne pas refléter l'intérêt général, mais les intérêts particuliers des acteurs politiques. Les théoriciens du choix public en concluent qu'il serait plus profitable de diminuer leur intervention dans l'économie. À côté de cette observation de la bureaucratie, ils étudient également le paradoxe des systèmes électoraux et le rôle des partis et des lobbies.

**THÉORIES LIÉES**
Voir aussi
LE CHOIX RATIONNEL
page 106
LA THÉORIE DES JEUX
page 108
LA RECHERCHE DE RENTE
page 154

**BIOGRAPHIES EN 3 SECONDES**
JAMES BUCHANAN
1919–

GORDON TULLOCK
1922–

GEORGE STIGLER
1911–1991

**TEXTE EN 30 SECONDES**
Aurélie Maréchal

***« … si vous voulez améliorer la politique, changez les règles et revoyez la structure. N'attendez pas que les politiciens changent de comportement. Ils agissent en fonction de leurs intérêts. »***

**JAMES BUCHANAN**

> *Les politiciens se soucient plus souvent de leur réélection que de l'intérêt public ; les électeurs s'intéressent d'abord à leur portefeuille.*

# LA THÉORIE DE L'UTILITÉ ESCOMPTÉE

## Théorie en 30 secondes

Comment allez-vous choisir les actions dans lesquelles investir, sachant que vous n'êtes pas certain de ce qui se passera dans l'avenir ? Prendrez-vous la start-up de biotechnologie susceptible de sortir un produit miracle dans dix ans mais qui risque de faire un flop avant ? Ou allez-vous opter pour la discrète compagnie d'électricité qui fournit des rendements modérés depuis des décennies ? Tout en considérant la probabilité que la biotechnologie puisse rapporter gros, vous avez également un peu peur de perdre votre argent si les choses tournent au vinaigre (les économistes appellent ça l'aversion au risque). Si l'éventualité d'une perte d'argent vous met vraiment très mal à l'aise (réduisant votre utilité, en langage d'économiste), il vaut mieux que vous investissiez dans la compagnie électrique. Et, si vous n'avez que faire de récolter des dividendes, dépensez plutôt votre argent dans une nouvelle voiture ou une croisière. Selon les économistes John von Neumann et Oskar Morgenstern, tout cela peut se résumer en une formule mathématique qui reflète la manière dont les gens prennent des décisions dans l'incertitude. Leur travail complète les théories de la « valeur escomptée », qui ne prennent en compte que les deux premiers critères (le rendement possible et les probabilités pour qu'il soit effectif). Cela ne suffisant pas, il faut également considérer la satisfaction de gagner et le désespoir de perdre.

**CONDENSÉ EN 3 SECONDES**

Comment les gens prennent-ils des décisions dans un climat d'incertitude ? En soupesant les probabilités de rendements possibles et la satisfaction que chacun peut leur apporter.

**RÉFLEXION EN 3 MINUTES**

La théorie paraît simple et géniale. Mais est-il réaliste d'affirmer que les gens investissent sur la seule base d'une estimation rationnelle des probabilités de rendements potentiels ? Après tout, Alan Greenspan, président de la banque centrale des États-Unis de 1988 à 2006, parlait des années 1990 comme d'une période d'« exubérance irrationnelle », qui voyait les investisseurs parier sur des marchés financiers de plus en plus éloignés de la réalité et d'une perspective de gains potentiels. La bulle des subprimes ne représente qu'un exemple de ce comportement.

**THÉORIES LIÉES**

Voir aussi
LE CHOIX RATIONNEL
page 106
LA THÉORIE DES JEUX
page 108
LA THÉORIE DES PERSPECTIVES
page 116

**BIOGRAPHIES EN 3 SECONDES**

JOHN VON NEUMANN
1903–1957

OSKAR MORGENSTERN
1902–1977

**TEXTE EN 30 SECONDES**

Christakis Georgiou

*« Rien n'est plus difficile, et donc plus précieux, que d'être capable de décider. »*

**NAPOLÉON BONAPARTE**

*> Songez à votre bonheur quand votre investissement portera ses fruits, ou à votre désespoir s'il s'écroule. C'est ce qui affecte vos décisions.*

# LA THÉORIE DES PERSPECTIVES

## Théorie en 30 secondes

La majeure partie de la pensée économique actuelle se fonde sur des modèles opérant selon les hypothèses du choix rationnel, comme dans le cas de la théorie de l'utilité escomptée examinée précédemment. Au début des années 1980 cependant, Daniel Kahneman et Amos Tversky ont développé une nouvelle théorie, celle des perspectives. Ils expliquent que la manière dont les gens cadrent leurs décisions influe considérablement sur leur façon de faire des choix. Autrement dit, ceux-ci ne dépendent pas uniquement des probabilités et des résultats potentiels ainsi que l'affirme la théorie du choix rationnel, mais également de la manière dont ils sont présentés. Les patients atteints de cancer, par exemple, préfèrent une thérapie qui leur offre neuf chances sur dix de vivre à celle qui donne une chance sur dix de mourir, même si, objectivement, les deux sont identiques. Le cadrage est un processus subjectif par lequel les gens valorisent un choix plutôt qu'un autre. La différence essentielle avec l'utilité escomptée réside dans le fait que tout le monde ne cadre pas ses choix de la même façon. Ainsi, même si deux personnes ont également peur de se tromper, elles peuvent choisir des options opposées à cause de leurs cadrages différents. La théorie des perspectives rapproche l'économie de la psychologie – dont Kahneman et Tversky étaient deux spécialistes – et s'intègre dans l'école de pensée appelée « économie comportementale ».

**CONDENSÉ EN 3 SECONDES**

Comment les gens prennent-ils des décisions dans un climat d'incertitude ? En comparant les conséquences potentielles de leur situation et de leurs actions actuelles (ou du moins ce qu'ils en voient).

**RÉFLEXION EN 3 MINUTES**

Cette théorie semble être une extension intéressante pour les hypothèses de l'utilité escomptée. Mais une fois acceptée l'idée que le cadrage joue un rôle dans la prise de décision, il faut expliquer ce qui le détermine – c'est-à-dire les processus qui font que les gens valorisent une chose plutôt qu'une autre. Cela semble relever davantage de la sociologie ou même de la psychologie que de l'économie. Sans être problématique pour autant, cela suggère que les questions du monde réel ont des approches pluridisciplinaires.

**THÉORIES LIÉES**

Voir aussi
LA THÉORIE DE L'UTILITÉ ESCOMPTÉE
page 114
LE CHOIX RATIONNEL
page 106

**BIOGRAPHIES EN 3 SECONDES**

DANIEL KAHNEMAN
1934–

AMOS TVERSKY
1937–1996

**TEXTE EN 30 SECONDES**

Christakis Georgiou

***« Les gens attribuent une bien plus grande probabilité à la véracité de leurs opinions que cela n'est justifié. C'est l'une des raisons qui les amènent à miser autant sur le marché financier, souvent avec de mauvais résultats. »***

**DANIEL KAHNEMAN**

*> Plutôt que les choix possibles, c'est souvent notre perception de la façon dont les options sont présentées qui détermine nos décisions.*

# BUDGETS ET TAXES

## Budgets et taxes
Glossaire

**déficit** Dépense du gouvernement supérieure à ce qu'il perçoit en impôts.

**demande collective** Demande totale en biens et services au sein d'une économie à un certain moment. Le gouvernement peut l'influencer par sa politique monétaire (contrôle des sommes en circulation dans le pays) et/ou par sa politique fiscale (augmentation/diminution du montant des dépenses publiques).

**élasticité** Mesure de l'avantage offert par un produit ou service, induisant la flexibilité de son prix. Une grande élasticité montre que les consommateurs peuvent s'en passer ou qu'ils en trouvent partout ; dans ce cas, la moindre variation de prix les encourage ou les rebute. Un produit ou service sans élasticité est de ceux que les consommateurs considèrent comme essentiel ou rare ; dans ce cas, ils l'achètent même si le prix grimpe considérablement.

**liquidité** Capacité que possède un bien d'être acheté et vendu sans une grande perte de valeur.

**obligation** Forme de garantie en matière de dette. L'émetteur en émet généralement pour financer ses investissements. En retour, il doit payer des intérêts au détenteur des obligations jusqu'à leur « maturité », moment auquel il rend la somme d'origine pour effacer sa dette. Les obligations sont le plus souvent émises par les gouvernements, les banques et les sociétés avec des échéances de cinq à trente ans.

**offre** Partie de l'économie qui « offre » des produits et services, en d'autres termes des sociétés avec leurs employés. Les théories de l'offre se concentrent sur la manière de rendre l'économie favorable aux affaires et de minimiser la régulation gouvernementale.

**perte sèche** Perte en efficacité créée par la manipulation artificielle d'un marché, par le biais d'un monopole ou d'une subvention par exemple. Si une société a le monopole sur un produit et qu'elle en augmente le prix, sa perte sèche est provoquée par le départ de consommateurs qui auraient acheté le produit s'il était resté à un prix raisonnable. Inversement, si un produit est subventionné pour coûter moins cher que sa valeur marchande, la perte sèche correspond à la dépense des consommateurs qui ne l'auraient pas acheté s'il n'était pas aussi bon marché.

**plus-value** Différence entre le prix d'achat et le prix de vente, autrement dit profit issu des biens du capital comme la propriété, les actions et obligations, ainsi que les œuvres d'art. Les plus-values sont généralement soumises à des taxes ayant un taux différent de celui des impôts sur le revenu, ou en sont parfois exonérées.

**politique fiscale** Utilisation des dépenses et des taxes publiques pour influer sur la performance économique d'un pays. Cela inclut généralement une hausse des impôts et/ou la vente d'obligations gouvernementales pour financer des travaux et services publics.

**récession** Période durant laquelle l'économie d'un pays se contracte. Les symptômes typiques en sont : une réduction des dépenses de la consommation, un investissement réduit du capital, une augmentation des banqueroutes et une hausse du chômage. La mesure habituelle de la récession est une chute du PIB (produit intérieur brut) pendant au moins deux trimestres consécutifs. Les réactions typiques des gouvernements sont les paquets de stimulus comprenant l'augmentation de la masse monétaire et/ou des dépenses d'État.

**stimulus** Mesures mises en place pour redresser une économie en berne. Ils prennent généralement la forme d'un accroissement de la masse monétaire, d'une baisse des impôts et/ou d'une augmentation des dépenses d'État.

**triangle de Harberger** Diagramme qui mesure l'effet de la « perte sèche » sur un marché (voir plus haut). Du nom de l'économiste Arnold Harberger.

# L'INCIDENCE FISCALE

## Théorie en 30 secondes

Supposons qu'un gouvernement souhaite taxer le carburant mais craigne la colère de ses électeurs. Il peut décider d'imposer les compagnies pétrolières plutôt que leurs clients. Cela semble ingénieux de pénaliser les méchantes grosses sociétés au lieu d'un public de particuliers qui votent – mais il y a un hic. Les producteurs ne veulent pas non plus supporter la taxe, alors ils augmentent leurs prix. Les consommateurs se retrouvent de toute façon avec au moins une partie à payer, même si ce n'est pas à eux de faire un chèque au gouvernement. Mais les producteurs ne peuvent pas nécessairement se décharger de la totalité de leur dû. S'ils essaient, ils risquent de ne pas pouvoir se débarrasser de tous les produits qu'ils ont à vendre. Ils optent donc pour un compromis et choisissent un prix qui compense partiellement ce qu'ils doivent. On arrive à une situation où le fardeau de la taxe est supporté en partie par le consommateur et en partie par le producteur. Mais qui détermine la part qui revient à chacun ? Les économistes disent que cela dépend de l'élasticité de l'offre et de la demande. Si les consommateurs perçoivent un certain produit comme essentiel et « non élastique », ils sont prêts à payer la majeure partie de la taxe mais, s'ils ne sont pas très intéressés, le produit est dit « élastique » et c'est alors au producteur de supporter le fardeau.

**CONDENSÉ EN 3 SECONDES**
Une taxe destinée à quelqu'un d'autre peut se retourner contre vous – vous en payez bien plus que vous ne croyez.

**RÉFLEXION EN 3 MINUTES**
Les marchandises comme le tabac, l'alcool et l'essence ont une demande très peu élastique. Peu de gens peuvent se passer au quotidien de leurs cigarettes, de leur bière ou de leur voiture pour aller travailler. Il n'est pas non plus facile pour les producteurs d'ajuster rapidement leur offre. Les gouvernements rusent en taxant la consommation de ces produits.

**THÉORIE LIÉE**
Voir aussi
LA CHARGE FISCALE EXCÉDENTAIRE
page 124

**BIOGRAPHIE EN 3 SECONDES**
RICHARD MUSGRAVE
1910–2007

**TEXTE EN 30 SECONDES**
Christakis Georgiou

*« Une bonne taxe, cela n'existe pas. »*
**WINSTON CHURCHILL**

*> Une nouvelle voiture, c'est sans doute intéressant, mais ce n'est pas essentiel, alors vous ne payez qu'une petite partie de la taxe. Par contre, chacun de nous a besoin de carburant et là, c'est une autre histoire.*

# LA CHARGE FISCALE EXCÉDENTAIRE

## Théorie en 30 secondes

La charge fiscale excédentaire est un exemple de perte sèche, selon les économistes. Cela se produit lorsqu'un prix ne reflète pas l'équilibre entre l'offre et la demande. Si le café, par exemple, est vendu plus cher parce qu'un vendeur monopolise le marché, celui-ci fera de gros profits, mais les consommateurs en achèteront moins s'il est trop cher. Le surplus de profits générés par la société sera inférieur aux gains potentiels provenant des tasses de café qui auraient pu être bues. C'est cette différence qui représente la perte sèche. Le résultat est peut-être excellent pour la société en situation de monopole, mais finalement mauvais pour l'économie. Il y a charge excédentaire quand les gouvernements imposent des taxes sur les biens et services, car elles sont reportées sur les consommateurs sous forme de hausse des prix. L'État gagne plus d'argent mais les gens achètent moins et, comme dans le cas du monopole, c'est le gouvernement qui en bénéficie, le problème étant que, si les taxes doublent, la charge risque de quadrupler.

**CONDENSÉ EN 3 SECONDES**
Les taxes coûtent davantage que la somme d'argent que le gouvernement nous prend. Elles représentent également toutes ces choses que nous aurions pu acheter si elles n'étaient pas aussi chères.

**RÉFLEXION EN 3 MINUTES**
L'une des affirmations les plus importantes de la théorie est que les marchés sont généralement parfaits. Mais, si l'on suit l'idée de départ des néokeynésiens *(voir page 16)* stipulant que dans le monde réel c'est loin d'être le cas, les taxes deviennent un moyen de corriger les imperfections. Certains économistes pensent qu'elles sont utiles pour redistribuer les revenus des riches aux pauvres, arguant qu'une répartition plus équitable des richesses favorise la croissance.

**THÉORIES LIÉES**
Voir aussi
L'INCIDENCE FISCALE
page 120
LE MARGINALISME
page 138

**BIOGRAPHIE EN 3 SECONDES**
ARNOLD HARBERGER
1924–

**TEXTE EN 30 SECONDES**
Christakis Georgiou

***« Par ailleurs, il n'existe pratiquement aucun événement économique pour lequel l'offre et la demande n'entrent pas en ligne de compte. Donc, si l'on sait vraiment les manier et les faire jouer dans différents contextes à des moments adéquats, on prend l'avantage. »***

**ARNOLD HARBERGER**

> *S'il y a trop de taxes, les gens ne peuvent plus acheter – et c'est une perte sèche pour l'économie dans son ensemble.*

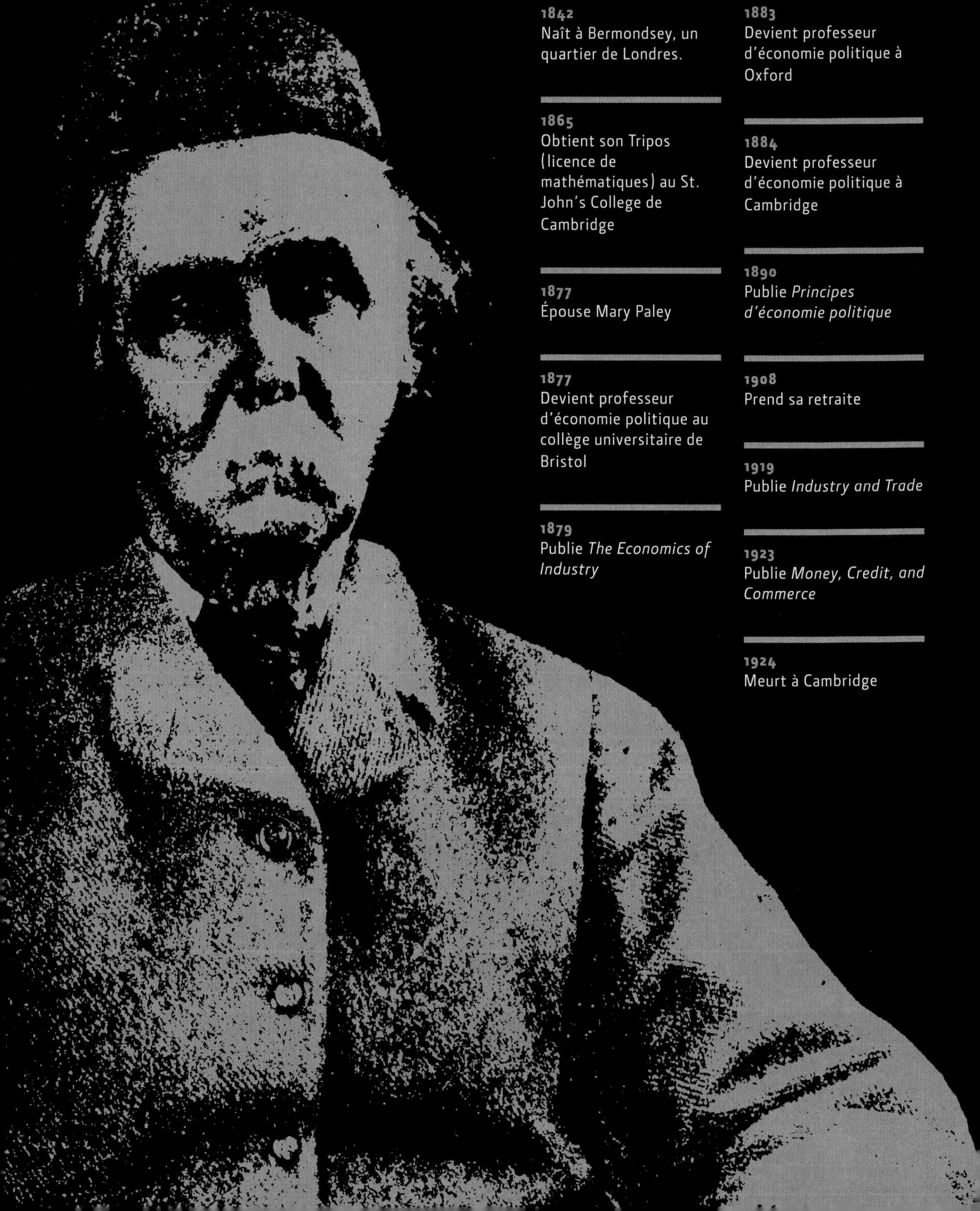

**1842**
Naît à Bermondsey, un quartier de Londres.

**1865**
Obtient son Tripos (licence de mathématiques) au St. John's College de Cambridge

**1877**
Épouse Mary Paley

**1877**
Devient professeur d'économie politique au collège universitaire de Bristol

**1879**
Publie *The Economics of Industry*

**1883**
Devient professeur d'économie politique à Oxford

**1884**
Devient professeur d'économie politique à Cambridge

**1890**
Publie *Principes d'économie politique*

**1908**
Prend sa retraite

**1919**
Publie *Industry and Trade*

**1923**
Publie *Money, Credit, and Commerce*

**1924**
Meurt à Cambridge

# ALFRED MARSHALL

**Tatillon, maniaque, obnubilé par les détails** et sujet à transformer ses meilleurs amis en ennemis à force d'inflexibilité, voici Alfred Marshall, qui connut malgré tout la consécration professionnelle. Économiste le plus respecté de sa génération, il a écrit de nombreux théorèmes aujourd'hui fondamentaux. Cependant, sa tendance à toujours remettre au lendemain et son souci maladif du détail ont sévèrement limité sa production et expliquent le fait qu'il n'ait montré qu'une partie de son potentiel. Vers la fin de sa carrière, John Maynard Keynes fut l'un de ses amis d'un temps qui, désabusé, se détourna de lui.

Né en 1842 à Bermondsey, un quartier de Londres, Marshall avait d'abord pensé devenir ecclésiastique, mais son succès dans les études le propulsa sur une trajectoire universitaire. L'économie n'en était encore qu'à ses balbutiements et il contribua à lui donner une base plus scientifique et à l'établir comme une discipline à part entière. Il tenait également à rendre le sujet accessible au profane et enfouissait pour cela les détails techniques de ses textes dans ses notes de bas de page et ses annexes. Son ouvrage, *The Economics of Industry*, coécrit avec sa femme et ancienne étudiante Mary Paley, lui apporta la reconnaissance immédiate quand il parut en 1879. Il fut suivi par *Principes d'économie politique*, publié en 1890 après un travail de près de dix ans, dans lequel Marshall établit les principes de l'offre et de la demande, de l'utilité marginale et des coûts de production – qui sont devenus des modèles standard en économie. Il passa vingt ans à peaufiner son ouvrage suivant, le récrivant continuellement au fur et à mesure que le monde changeait autour de lui, tant et si bien qu'il fut incapable de le terminer quand sa santé commença à décliner. Il publia à la place deux travaux moins ambitieux, Industry and Trade et Money, Credit, and Commerce, qui n'eurent pas le même succès que les précédents. À force d'obstination, il réussit enfin en 1903 à faire ouvrir un département indépendant d'études économiques à l'université de Cambridge. Grâce en grande partie à ses efforts, l'économie était enfin devenue un sujet digne de son obsession.

# L'ÉCONOMIE DE L'OFFRE

## Théorie en 30 secondes

Tout le monde ne s'accorde pas à dire qu'une forte croissance dépend d'une bonne demande agrégée. À la fin des années 1970, les économistes Robert Mundell et Arthur Laffer ainsi que le journaliste conservateur Jude Wanniski pensaient que la solution était de revenir au point de vue classique sur l'offre et la demande. Leur argument était que cela impliquait des réductions d'impôts pour tous, surtout pour les hauts revenus et les gains du capital. Il s'ensuivait une plus grande rentabilité sur les investissements et des augmentations de salaires pour les travailleurs. Les actionnaires seraient alors motivés pour investir davantage et les ouvriers pour travailler plus. Cela accroîtrait la productivité, mettant davantage de marchandises et de services sur le marché, ce qui ferait baisser les prix et amènerait en retour une plus forte croissance. Certains promoteurs de l'offre affirmaient même que cela entraînerait de plus grands rendements aux impôts. Et l'inflation ? Grâce aux niveaux élevés d'activité économique, tout l'argent en surplus serait réutilisé pour la production et ferait disparaître l'inflation. L'économie de l'offre est étroitement associée au premier mandat de Ronald Reagan. Elle est également très appréciée des membres du Parti républicain, qui s'opposent traditionnellement aux taxes fédérales et à l'intervention de l'État.

**CONDENSÉ EN 3 SECONDES**
Une croissance plus forte dépend d'une plus grande motivation de la part des investisseurs et des travailleurs. Les gouvernements devraient diminuer les taxes.

**RÉFLEXION EN 3 MINUTES**
Les affirmations les plus extrêmes des promoteurs de l'offre – que les réductions des taxes assureraient de plus grands rendements à l'impôt – ne se sont jamais vérifiées. Au contraire, les déficits ont enflé pendant la présidence de Reagan et sont restés un problème épineux depuis lors (sauf pendant une courte période à la fin des années 1990). De même, ainsi que de nombreux critiques l'ont fait remarquer, diminuer les taxes sur les conseils des tenants de l'offre tend à favoriser les riches et les gros salaires. Comment les bénéfices d'une possible croissance issue de la politique de l'offre pourraient-ils être mis en balance avec une répartition injuste ?

**THÉORIE LIÉE**
Voir aussi
L'ÉCONOMIE KEYNÉSIENNE (NORMATIVE)
page 46

**BIOGRAPHIES EN 3 SECONDES**
ROBERT MUNDELL
1932–

ARTHUR LAFFER
1940–

JUDE WANNISKI
1936–2005

**TEXTE EN 30 SECONDES**
Christakis Georgiou

***« Les pauvres sont devenus gras et heureux, les riches se sont appauvris. C'est pour ça que nous sommes dans un tel pétrin. Tout le monde veut être pauvre, parce ce que ça présente tellement d'avantages ! »***
**JUDE WANNISKI**

*> Débarrassez les gens du fardeau des impôts excessifs et ils seront motivés pour travailler plus.*

# L'EFFET D'ÉVICTION

## Théorie en 30 secondes

Quand les gouvernements dépensent, d'où vient l'argent ? Une grande partie provient des impôts, mais, comme cela ne suffit pas, l'État en emprunte sur le marché financier en émettant des obligations. Quand le gouvernement entre en compétition avec les sociétés et les particuliers pour emprunter, la demande croissante de prêts fait monter les taux d'intérêt. De plus, quand les économies du peuple sont engagées dans les obligations gouvernementales, il reste moins de richesse disponible pour financer les investissements privés. Résultat ? Quand le gouvernement sort son portefeuille, il peut évincer l'investissement, l'épargne et les emprunts privés. Les prêts deviennent plus chers et plus rares, les particuliers et les entreprises ne peuvent plus emprunter d'argent. Solution ? Réduire les déficits. La plupart des économistes s'accordent à dire que l'éviction est le problème des économies qui tournent bien. Dans les périodes de ralentissement cependant, le débat se fait plus houleux. Nombreux sont ceux qui suivent Keynes en disant que le fait de dépenser pendant un ralentissement a un effet « multiplicateur », alors qu'une injection d'argent liquide relance la consommation, ce qui entraîne davantage d'investissements et de création d'emplois, phénomènes favorables à la consommation. Dépenser crée donc une spirale consommatrice, un cercle vertueux de croissance et une augmentation du revenu national bien au-delà de la somme que l'État avait mise sur la table au départ – l'argument classique en faveur du stimulus.

**CONDENSÉ EN 3 SECONDES**

Quand les gouvernements dépensent, il faut bien que l'argent vienne de quelque part – et c'est souvent de la poche du secteur privé.

**RÉFLEXION EN 3 MINUTES**

Les partisans du stimulus soutiennent que, lors d'une récession, les taux d'épargne étant élevés et le capital sous-utilisé, l'effet d'éviction ne constitue pas un réel problème. Cependant, disent les critiques, même si les injections d'argent sont utiles sur le court terme, elles entraînent à la longue un ralentissement économique plutôt qu'un retour de la croissance. Cela dépend également de la manière dont l'État dépense ; les investissements dans les infrastructures, l'éducation et la santé sont les plus susceptibles d'avoir des effets positifs sur l'offre à long terme.

**THÉORIES LIÉES**

Voir aussi
L'ÉCONOMIE CLASSIQUE
page 12
LA SYNTHÈSE NÉOCLASSIQUE
page 20
L'ÉCONOMIE KEYNÉSIENNE (NORMATIVE)
page 46
LE MONÉTARISME
page 48

**BIOGRAPHIE EN 3 SECONDES**

ROBERT RUBIN
1938 –

**TEXTE EN 30 SECONDES**

Katie Huston

***« Les dépenses gouvernementales financées par les impôts ou les emprunts à l'épargne des particuliers peuvent réduire les autres investissements à tel point que la dépense globale augmente très peu, voire pas du tout. »***

**ROGER W. SPENCER ET WILLIAM P. YOHE**

*> Si les gouvernements essaient de sortir de la récession en dépensant, l'argent des investissements se tarit.*

# MARCHÉS

## **Marchés**
Glossaire

**autorégulation** Principe par lequel les agents sont autorisés à établir leurs propres critères au lieu de se les voir imposer par le gouvernement central. La théorie affirme que le mécanisme du marché encourage automatiquement les bonnes pratiques et détruit les mauvaises.

**caveat emptor** Expression latine signifiant « que l'acheteur soit vigilant ». Principe selon lequel le vendeur n'est plus responsable d'aucun défaut sur un produit ou un bien immobilier une fois la vente effectuée. C'est donc à l'acheteur de rechercher les éventuels problèmes avant de conclure la transaction, avec pour seule exception le cas où les défauts ont été dissimulés intentionnellement – bien que ce soit à lui de prouver que tel est bien le cas.

**caveat venditor** Expression latine signifiant « que le vendeur soit vigilant ». Principe selon lequel le vendeur engage sa responsabilité par contrat pour garantir qu'un produit ou un bien immobilier correspond aux normes d'utilisation et le certifier conforme à la description, même après la vente. De plus en plus, les lois modernes de protection du consommateur tendent à appliquer ce principe.

**due diligence** Terme utilisé à l'origine par les agents de change accusés de ne pas fournir suffisamment d'informations sur les titres et les actions. L'idée est que, dès lors qu'un vendeur a mené les recherches adéquates et délivré l'information correcte au client, il ne peut être tenu pour responsable de ne pas révéler ce que lui-même ne sait pas. Le terme est maintenant utilisé couramment en-dehors du domaine financier.

**économie dynamique** Système en état de développement et de constante innovation. Le capitalisme se targue d'être le système le plus dynamique parce qu'il se concentre sur les mécanismes du marché, qui exigent des producteurs et des constructeurs une adaptation rapide aux changements des conditions économiques.

**marxisme** Théorie politique développée par Karl Marx et Friedrich Engels. Le précepte essentiel est que toute l'histoire peut se définir en termes de lutte des classes entre le monde du travail et la bourgeoisie. Marx pensait que les capitalistes faisaient des profits en exploitant la classe ouvrière et que la révolution des travailleurs serait l'inévitable résultat de cette relation d'inégalité.

**mécanisme du marché** Système théorique selon lequel l'offre, la demande et les prix réussissent à s'équilibrer parfaitement. Le principe affirme que, si la demande pour un produit augmente, son prix en fait autant jusqu'à ce que l'offre excède la demande. À ce moment-là, le prix commence à baisser jusqu'à ce qu'un nouvel équilibre s'installe. C'est la base de tous les systèmes déterminés par le marché.

**privatisation** Principalement la vente de biens publics (entreprises et propriétés appartenant à l'État) au secteur privé. Cela peut comprendre des biens comme les chemins de fer, les sociétés de service public et même les hôpitaux. Le terme se réfère de plus en plus à l'externalisation de certains services d'État vers des sociétés privées, allant des cantines scolaires à la perception de certaines taxes en passant par la gestion des prisons.

**protectionnisme** Pratique de protection du marché intérieur contre la compétition étrangère par l'imposition de quotas et de tarifs douaniers sur les produits importés. On fait généralement ce choix pour équilibrer la balance commerciale quand les importations deviennent plus importantes que les exportations de produits locaux. Il peut également servir à protéger une industrie naissante, comme la fabrication de voitures au Japon dans les décennies 1930 et 1940.

**quotas** Ils sont utilisés pour partager les ressources peu abondantes entre les parties intéressées, ou pour limiter la production d'émissions polluantes. Ils sont souvent complémentaires des systèmes d'échange par lesquels les sociétés ou les pays sont autorisés à monnayer leurs quotas d'émissions pour continuer à polluer.

**soutenable (durable)** Gestion des ressources respectant la capacité de la planète à les renouveler.

**théorie de l'équilibre général** Idée que les prix de tous les biens et services au sein d'une économie sont interdépendants et en équilibre. Cela signifie que la variation d'un prix en particulier peut avoir des conséquences sur des millions d'autres. L'exemple typique est celui du pain, dont le prix affecte le salaire du boulanger, influençant son choix dans l'achat d'une nouvelle voiture. Si le goût du public en matière de pain évolue, cela entraîne une réaction en chaîne qu'il est presque impossible de prédire. Le mécanisme du marché assure cependant un retour graduel à l'équilibre.

# LA MAIN INVISIBLE

## Théorie en 30 secondes

Le boucher ne vend pas de la viande par altruisme ; il tranche et découpe pour faire du profit. Mais, pour cela, il doit tenir compte des goûts de sa clientèle. Par conséquent, en courant après sa propre fortune, il sert les besoins de la société. Selon Adam Smith, dans une économie de marché, tous les gens se comportent ainsi. Par conséquent, si chacun peut choisir librement ce qu'il souhaite produire et acheter, la « main invisible » de la concurrence guide l'échange des biens et des services de sorte que l'avidité personnelle mène au gain collectif. Par exemple, quand les entrepreneurs veulent optimiser leurs affaires, ils baissent leurs prix. C'est un pari gagnant-gagnant, un processus dynamique et autorégulateur qui s'installe et s'ajuste automatiquement. Smith utilisait cet argument pour s'élever contre les régulations et le protectionnisme d'État dans une économie de marché – sans oublier que, pour que la main invisible puisse fonctionner correctement, la société doit se munir de droits de propriété solides, de codes légaux et moraux fermement établis et d'une bonne circulation de l'information. Adam Smith est souvent considéré, à juste titre, comme le « père de l'économie ». Sa théorie de la main invisible, introduite dans son ouvrage de 1776, *La richesse des nations,* a orienté l'ère de l'économie classique pendant plus de cent cinquante ans et façonne encore le débat contemporain.

**CONDENSÉ EN 3 SECONDES**

Pour créer davantage de richesse, commencez par vous-même.

**RÉFLEXION EN 3 MINUTES**

Cela paraît assez simple, mais est-ce que ça marche ? Adam Smith lui-même reconnaissait que l'intérêt personnel avait ses limites en matière de création de richesse et pensait que le gouvernement devait intervenir pour protéger la propriété privée et fournir des biens publics comme les routes. Prenons les biens environnementaux pour exemple : la « tragédie des biens communs », théorie de Hardin, montre que, lorsque plusieurs acteurs économiques utilisent une ressource commune en poursuivant l'appât du gain individuel, celle-ci s'épuise si des droits de propriété solides ne sont pas mis en place.

**THÉORIES LIÉES**

voir aussi
L'ÉCONOMIE CLASSIQUE
page 12
LE CAPITALISME LIBÉRAL
page 28
LA TRAGÉDIE DES BIENS COMMUNS
page 142
LES DROITS DE PROPRIÉTÉ
page 144

**BIOGRAPHIES EN 3 SECONDES**

ADAM SMITH
1723-1790

DAVID RICARDO
1772-1823

**TEXTE EN 30 SECONDES**

Katie Huston

***« Ce n'est pas de la bienveillance du boucher, du boulanger ni du brasseur que nous attendons notre dîner, mais de leur considération pour leur propre intérêt. »***

**ADAM SMITH**

*> Le boucher ne vend pas de viande pour que vous puissiez avoir de la nourriture sur votre table, mais parce qu'il a besoin de manger lui aussi.*

# LE MARGINALISME

## Théorie en 30 secondes

L'une des controverses les plus anciennes en économie concerne la notion de valeur. Les premiers économistes politiques, tels qu'Adam Smith, soutenaient que la moyenne du temps de travail nécessaire à la fabrication d'un produit devait en déterminer la valeur. Contrairement à cette « théorie de la valeur travail », les économistes de la fin du XIXe siècle tels que William Stanley Jevons et Alfred Marshall affirmaient que c'était l'utilité marginale d'un produit qui en déterminait la valeur. Cette « théorie de la valeur d'échange » est fondée sur l'idée que les gens se lassent de la consommation d'un produit qu'ils utilisent en continu. On peut aimer les pommes, mais on ne va pas en manger jusqu'à ne plus en trouver. Au bout d'un moment, on a envie d'autre chose. Mais comment cela se répercute-t-il sur le prix des produits ? Prenons, par exemple, le paradoxe de l'eau et des diamants. L'eau est essentielle à la survie, les diamants pas du tout. Cependant, l'eau est de loin la moins chère, puisque son abondance minimise l'importance d'en consommer un litre de plus ou de moins. Son prix est par conséquent faible. Le diamant est une denrée rare et en posséder un fait une énorme différence en termes financiers. C'est pour cela qu'il coûte cher.

**CONDENSÉ EN 3 SECONDES**

Ce n'est pas l'« importance » d'un produit, mais l'association de son abondance et de son attrait qui en détermine le prix.

**RÉFLEXION EN 3 MINUTES**

La théorie atteint ses objectifs. Mais peut-elle vraiment expliquer tout ce qui se passe ? Elle suppose un équilibre entre l'offre et la demande, mais, en réalité, il est rarement atteint et encore moins maintenu. Elle n'aborde pas non plus la question du changement – que deviennent l'offre et la demande au fil du temps ? C'est une théorie statique, alors que le capitalisme est le système économique le plus dynamique de toute l'histoire de l'humanité.

**THÉORIE LIÉE**

Voir aussi
LA MAIN INVISIBLE
page 136

**BIOGRAPHIES EN 3 SECONDES**

WILLIAM STANLEY JEVONS
1835–1882

ALFRED MARSHALL
1842–1924

**TEXTE EN 30 SECONDES**

Christakis Georgiou

***« Une fois de plus, la plupart des distinctions majeures marquées en langage économique ne sont pas des différences de catégorie mais de degré. »***

**ALFRED MARSHALL**

*> Vous avez besoin d'eau pour survivre, mais que choisiriez-vous là, tout de suite : un coffre-fort rempli d'eau ou le même plein de diamants ?*

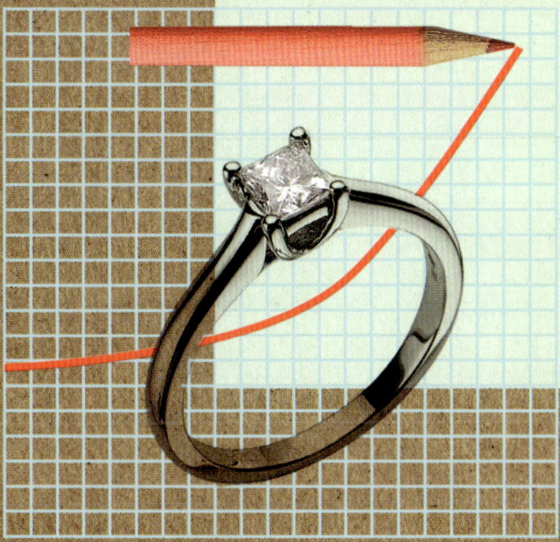

1723
Naît à Kirkcaldy, en Écosse

1737
Étudie la philosophie morale à l'université de Glasgow

1740
Entre au Balliol College d'Oxford

1751
Devient professeur de logique à l'université de Glasgow

1752
Devient professeur de philosophie morale à l'université de Glasgow

1759
Publie *Théorie des sentiments moraux*

1763
Devient le tuteur d'Henry Scott, le futur duc de Buccleuch

1773
Élu membre de la Royal Society de Londres

1776
Publie *Recherche sur la nature et les causes de la richesse des nations*

1778
Nommé commissaire aux douanes en Écosse

1787
Nommé recteur de l'université de Glasgow

1790
Meurt à Édimbourg, en Écosse

# ADAM SMITH

**Tout le monde admire Adam Smith.** Souvent appelé le « père de l'économie », il est cité par les élus de tous bords pour prouver la justesse de leur politique. Pour la droite, il est le défenseur du libéralisme et l'adversaire acharné de la législation gouvernementale ; pour la gauche, il est à l'origine de la théorie de la valeur travail, qui occupe une place prépondérante dans la pensée marxiste. Quelle que soit la tendance d'un politicien, il semblerait que citer Adam Smith donne davantage de crédibilité à sa cause.

Pourtant, en société, Smith n'avait rien d'un héros. Né en 1723 à Kirkcaldy, dans le comté de Fife en Écosse, ses parents s'appelaient Margaret Douglas et Adam Smith. Son père, un homme de loi, mourut six mois avant sa naissance, et l'enfant resta très proche de sa mère. Il étudia la philosophie morale à l'université de Glasgow puis à Oxford, avant d'être nommé professeur de logique puis de philosophie morale à Glasgow. Ce n'était pas un bel homme : il avait un gros nez, des yeux globuleux et la lèvre inférieure protubérante. De plus, il était affublé de tics nerveux et d'un défaut d'élocution ; il parlait souvent tout seul à voix haute. « Je ne suis élégant que dans mes livres », avait-il l'habitude de dire.

Sa réputation fut toutefois assurée avec la publication en 1759 de son ouvrage *Théorie des sentiments moraux,* dans lequel il affirme que les gens prennent des décisions « morales » grâce à leur sentiment de sympathie pour autrui. En 1764, il devint le précepteur du futur duc de Buccleuch et le suivit en France et en Suisse, où il rencontra des personnages influents tels que Voltaire, Benjamin Franklin et François Quesnay. C'est pendant une période où il s'ennuyait à Toulouse que Smith commença la rédaction de sa *Recherche sur la nature et les causes de la richesse des nations*, le livre qui ouvrit la voie à la lignée classique de l'économie.

Après son tour d'Europe, il revint vivre à Kirkcaldy auprès de sa mère, l'accompagnant jusqu'à sa mort en 1784. Il lui survécut six ans, toujours célibataire.

# LA TRAGÉDIE DES BIENS COMMUNS

## Théorie en 30 secondes

Plusieurs fermiers font paître leur bétail dans le même pré. Du point de vue de chacun d'entre eux, il est raisonnable d'augmenter son cheptel pour accroître ses profits. Cependant, chaque animal supplémentaire dépense les ressources communes. Si tous les fermiers agissent « rationnellement » en ajoutant des vaches à leurs troupeaux, la terre partagée sera bientôt saturée, l'herbe cessera de pousser et tous en souffriront. En fait, les actions rationnelles pour l'individu peuvent s'avérer irrationnelles pour le groupe. Cependant, du point de vue de chacun, acheter des vaches supplémentaires est raisonnable parce que, en tant que particulier, elles lui rapportent des bénéfices, alors que l'impact négatif est partagé par l'ensemble des fermiers. Garrett Hardin a utilisé cet exemple pour illustrer la « tragédie des biens communs » dans un article influent publié en 1968. Le terme peut s'appliquer aux conséquences de toute situation dans laquelle une ressource limitée est traitée comme une propriété commune et se trouve finalement surexploitée. Cette tragédie se retrouve généralement dans les questions environnementales comme la pêche industrielle et la pollution. L'épuisement des ressources communes est un exemple d'externalité économique, ou effet secondaire – par exemple, la pollution causée par une usine, qui impose des coûts de nettoyage aux riverains.

**CONDENSÉ EN 3 SECONDES**

Quand les ressources partagées sont limitées, personne n'agit pour les préserver, ce qui signifie que les actions rationnelles peuvent devenir irrationnelles sur le long terme.

**RÉFLEXION EN 3 MINUTES**

Les critiques du capitalisme utilisent la tragédie des biens communs comme preuve que la main invisible ne fonctionne pas toujours. Mais comment régler le problème ? Hardin pensait que l'altruisme et le bon sens ne suffisaient pas et que des droits de propriété étaient la meilleure manière de gérer les ressources communes ; les gouvernements devraient contrôler l'utilisation de ces dernières– par exemple en limitant les permis de pêche – ou privatiser les ressources naturelles comme l'eau. Cependant, l'économiste Elinor Ostrom contesta ce point de vue en exposant le nombre de communautés qui réussissent à gérer durablement leurs ressources – contribution qui lui valut le prix Nobel en 2009.

**THÉORIES LIÉES**

Voir aussi
LE CAPITALISME LIBÉRAL
page 28
L'AUTORITÉ DE LA LOI
page 80
LES LIMITES
DE LA CROISSANCE
page 82
LE CHOIX RATIONNEL
page 106
LES DROITS DE PROPRIÉTÉ
page 144
LE PRINCIPE POLLUEUR-PAYEUR
page 146

**BIOGRAPHIES EN 3 SECONDES**

GARRETT HARDIN
1915–2003

ELINOR OSTROM
1933–

**TEXTE EN 30 SECONDES**

Katie Huston

***« La logique inhérente aux biens communs fait sans remords le lit de la tragédie. »***

**GARRETT HARDIN**

> *Quand on garantit aux particuliers un accès libre aux ressources naturelles, ces dernières sont en mauvaise posture.*

# LES DROITS DE PROPRIÉTÉ

## Théorie en 30 secondes

**CONDENSÉ EN 3 SECONDES**
Sans droits de propriété, le marché est inefficace.

**RÉFLEXION EN 3 MINUTES**
Même si la propriété privée est essentielle au fonctionnement du système capitaliste, tout ne peut être possédé par des particuliers. Certains biens et services publics, telles les infrastructures et la défense nationale, doivent appartenir à l'État parce que les sociétés privées seraient incapables d'en tirer profit. Certains économistes pensent qu'une partie des services publics, comme le transport ou l'électricité, seraient mieux gérés par des sociétés privées, d'autres affirment que ce ne serait pas le cas.

Les droits de propriété offrent à leur bénéficiaire l'autorité exclusive sur une marchandise, une société, un terrain ou même une création intellectuelle. Le propriétaire, qu'il soit un particulier ou un gouvernement, acquiert le droit d'utiliser le bien, d'en tirer des profits, de le vendre ou de le transmettre. Les droits de propriété très détaillés occupent une part prépondérante dans le système économique capitaliste. Il est cependant difficile de les définir précisément dans certains cas, pour des raisons historiques ou pratiques, et cela peut amener une perversion du marché. Trop de pollution ? C'est par manque de droits de propriété sur l'air. Diminution des ressources marines ? C'est la concurrence des pêcheries internationales qui est en cause. Puisque les biens communs, comme l'eau et l'air, n'appartiennent à personne, nul ne peut en restreindre l'exploitation. La solution ? Créer des droits de propriété. Les économistes ont déjà invité les gouvernements à le faire, par le truchement de quotas de pêche et de permis commerciaux couvrant la pollution aérienne, tous négociables. L'utilisation serait alors restreinte pour chaque personne en possession du permis afin que la globalité de la ressource soit préservée. Comme ces droits seraient négociables, un marché serait créé, déterminant un prix lié à l'exploitation de la ressource.

**THÉORIES LIÉES**
Voir aussi
LA TRAGÉDIE DES BIENS COMMUNS
page 142
LE PRINCIPE POLLUEUR-PAYEUR
page 146

**BIOGRAPHIES EN 3 SECONDES**
RONALD COASE
1910–

ARMEN ALCHIAN
1914–

**TEXTE EN 30 SECONDES**
Aurélie Maréchal

*« Les droits de propriété privée sont ceux qu'a tout un chacun d'utiliser et d'échanger des biens expressément désignés. Toute restriction à la propriété privée donne du poids, en termes de rapport de forces, aux critères strictement personnels aux dépens de considérations plus générales, et convient particulièrement à l'État. »*

**ARMEN ALCHIAN**

*> Restreindre le pillage « gratuit » en instaurant des droits de propriété contribuerait à préserver l'utilisation des ressources.*

# LE PRINCIPE POLLUEUR-PAYEUR

## Théorie en 30 secondes

**CONDENSÉ EN 3 SECONDES**
Si vous polluez, vous devrez payer.

**RÉFLEXION EN 3 MINUTES**
Le principe pollueur-payeur fut d'abord adopté par l'OCDE en 1972 comme l'une des premières étapes de protection environnementale par les autorités publiques. Il fut reconnu par l'Union européenne en 1987 et par la conférence des Nations unies sur l'Environnement et le développement à Rio en 1992. Même si le coût de la pollution est difficile à déterminer, le PPP est un élément central de la loi internationale sur l'environnement.

Lors de son processus de production, une usine de jouets est amenée à rejeter des toxines dans une rivière attenante. Ces poisons tuent la faune et rendent les baigneurs malades ; l'entreprise n'offre pourtant aucune compensation pour les dommages subis. Ses coûts de production ne reflètent donc pas les véritables coûts sociaux de l'opération. L'idée du principe pollueur-payeur (PPP) est que l'usine devrait être tenue d'assumer les pleines conséquences de ses actions. Cela signifie que les dommages causés par la pollution – induisant une perte potentielle pour les pêcheurs et les baigneurs – doivent être inclus dans les coûts de production. Le PPP estime la pollution à un certain prix et en attribue la responsabilité au pollueur, en se basant sur le dogme fondamental de l'efficience économique – stipulant que les prix doivent refléter l'ensemble des coûts de production – et en s'associant au principe éthique de responsabilité et d'équité. Différents outils légaux peuvent être utilisés pour appliquer le PPP, ainsi que pour prévenir et réguler la pollution. Ces outils prennent souvent la forme de taxes (appelées « taxes pigouviennes » en l'honneur de l'économiste anglais Arthur Pigou, qui leur a consacré une partie importante de son travail), mais également de permis de pollution, de quotas, de standards technologiques et autres.

**THÉORIE LIÉE**
Voir aussi
LES DROITS DE PROPRIÉTÉ
page 144

**BIOGRAPHIE EN 3 SECONDES**
ARTHUR CECIL PIGOU
1877–1959

**TEXTE EN 30 SECONDES**
Aurélie Maréchal

***« La nature nous offre le déjeuner gratuit, mais seulement si nous modérons nos appétits. »***
**WILLIAM RUCKELSHAUS**

> Le coût de fabrication réel devrait aussi tenir compte de la totalité des coûts de la pollution éventuelle – si vous polluez, vous payez.

# LA SÉLECTION ADVERSE

## Théorie en 30 secondes

**CONDENSÉ EN 3 SECONDES**
Quand les vendeurs ou les acheteurs manquent d'information pour faire une bonne transaction, quel est le résultat ? *Caveat emptor* (acheteur vigilant) et *caveat venditor* (vendeur vigilant).

**RÉFLEXION EN 3 MINUTES**
L'asymétrie d'information est au cœur du secteur bancaire et financier. Pour les transactions monétaires et boursières, pour les prêts avec crédit et hypothèque, toutes les décisions sont prises dans l'incertitude. Les emprunteurs en savent davantage sur leurs perspectives financières, par exemple, que les organismes de prêt. Ceux-ci réagissent (généralement) avec « due diligence » pour confirmer la validité de l'emprunt. Mais il y a des limites. Les actifs toxiques (actifs financiers dont plus personne ne veut, et donc invendables) sont une manifestation de la sélection adverse. La diffusion massive de ces actifs dans le secteur financier entre 2007 et 2009 a démontré les problèmes causés par l'asymétrie d'information.

Sur le marché de la voiture d'occasion, personne ne veut acheter un « veau, » mais cela arrive quelquefois. Pourquoi ? Vous savez peut-être que la cote à l'argus d'une Renault Clio de dix ans avoisine les 2 000 euros. Son propriétaire le sait lui aussi. Et il sait également ce que vaut sa propre Clio. Si elle est en très bon état, il n'aura sans doute pas envie de la vendre 2000 euros. Mais, si c'est un veau, il sera très content que vous l'en débarrassiez contre cette somme. Le prix vous donne une bonne motivation d'achat, mais le vendeur en saura toujours plus que vous sur sa voiture, ce qui peut vous amener à hésiter tout de même. Cet exemple révèle que les mécanismes du marché ne fonctionnent pas toujours efficacement quand l'une des parties possède plus de données que l'autre – c'est ce qu'on appelle l'asymétrie d'information. Les vendeurs peuvent essayer d'en profiter et de vendre des produits de mauvaise qualité au prix fort. C'est le même problème avec les compagnies d'assurance, mais dans l'autre sens. Quand les assureurs offrent une bonne prise en charge, ils risquent d'attirer les clients les plus problématiques qui vont leur coûter cher, ce qui ne peut qu'augmenter les tarifs pour tous les assurés. Pour contrer la sélection adverse, l'information manquante doit être fournie à l'autre partie par un intermédiaire neutre (le garagiste local par exemple) ou par une réglementation légale (un contrôle technique obligatoire.)

**THÉORIE LIÉE**
Voir aussi
L'ALÉA MORAL
page 150

**BIOGRAPHIES EN 3 SECONDES**
GEORGE A. AKERLOF
1940–

JOSEPH E. STIGLITZ
1943–

MICHAEL SPENCE
1943–

**TEXTE EN 30 SECONDES**
Aurélie Maréchal

***« La plupart des voitures revendues sont des " veaux ", car les bons véhicules ne sont pas proposés à la vente. Les mauvaises occasions ont tendance à déloger les bonnes (un peu comme la mauvaise monnaie chasse la bonne). »***
**GEORGE A. AKERLOF**

*> Le brave garagiste qui vous conseille sait-il quelque chose que vous ignorez ? Vous avez tout intérêt à le deviner pour éviter les désagréments.*

# L'ALÉA MORAL

## Théorie en 30 secondes

Quand un assureur vend une police d'assurance, il ne sait pas dans quelles conditions la voiture sera conduite, mais il doit malgré tout fixer un prix. L'utilisateur sait que l'assureur manque d'informations, alors il ne craint pas que sa prime augmente s'il roule dangereusement, tant qu'il n'a pas d'accident. De plus, s'il en a un, la réparation sera prise en charge par son assurance. Cette situation, dans laquelle le conducteur possède plus d'informations que l'assureur sur sa manière de conduire et n'est pas incité à ralentir, est appelée « aléa moral ». Le comportement du propriétaire de la voiture change dès qu'il a une assurance, et cela augmente les risques pour l'assureur. Même si le véhicule lui appartient et qu'il ne souhaite pas l'abîmer, il paie quelqu'un d'autre pour être responsable s'il se passe quelque chose. De même, les grandes sociétés et les banques peuvent être motivées à prendre des risques si elles savent qu'elles n'auront pas à payer pour les conséquences négatives de leurs actions. Par exemple, si une société est déclarée trop grosse pour faire faillite et que le gouvernement se porte caution pour elle, elle peut faire des investissements risqués sans craindre d'en subir les retombées négatives.

**CONDENSÉ EN 3 SECONDES**

Je prends le risque, mais quelqu'un d'autre est responsable et paiera à ma place si je fais une bêtise.

**RÉFLEXION EN 3 MINUTES**

Le terme « aléa moral » est souvent utilisé en référence à un comportement frauduleux ou immoral, mais ce n'est pas toujours le cas ; il montre simplement le défi qu'affrontent les marchés en promettant à tous les meilleurs résultats. Quand l'information n'est pas distribuée équitablement, une partie peut défendre ses propres intérêts au détriment de l'autre. Bien entendu, l'autre partie est motivée pour rédiger des contrats qui contrôlent ce risque, mais parfois une intervention gouvernementale devient nécessaire.

**THÉORIES LIÉES**

Voir aussi
LA MAIN INVISIBLE
page 136
LA SÉLECTION ADVERSE
page 148
LA THÉORIE DES JEUX
page 108
LE CHOIX RATIONNEL
page 106

**BIOGRAPHIE EN 3 SECONDES**

KENNETH ARROW
1921–

**TEXTE EN 30 SECONDES**

Aurélie Maréchal

***« Certaines questions particulièrement épineuses sont posées par l'existence d'institutions financières qui peuvent être perçues comme "trop grosses pour faire faillite", et par les problèmes d'aléa moral qui se font jour quand les gouvernements interviennent dans une crise financière. »***

**BEN BERNANKE**

*> Seul le particulier sait ce qu'il va faire, mais d'autres peuvent avoir à payer les pots cassés s'il se comporte dangereusement.*

# L'HYPOTHÈSE DU MARCHÉ EFFICIENT

## Théorie en 30 secondes

Depuis quelque temps, la finance semble occuper le centre de l'attention économique. Or, on ne s'en préoccupait d'ordinaire qu'après le développement de théories expliquant le fonctionnement de la « véritable » économie. Pour la majeure partie des partisans du libéralisme, les marchés financiers se basent sur l'hypothèse d'un marché efficient, qui est plus ou moins une adaptation de la théorie de l'équilibre général. Cela revient à présumer que, dans un marché financier comme Wall Street par exemple, les prix des actifs échangés – dans ce cas, des actions et obligations – reflètent déjà toute la connaissance existant à leur propos. Grâce à cela, il est presque impossible qu'un investisseur puisse faire des profits réguliers en spéculant sur les prix de ces actifs, simplement parce que, jusqu'à ce qu'une nouvelle information vienne transformer sa valeur, personne ne peut savoir dans quel sens va évoluer tel ou tel actif. Seule la chance peut vous aider quand vous spéculez, à moins que vous ne soyez en possession d'informations confidentielles, ce qui est interdit par la loi. L'hypothèse du marché efficient circulait chez les économistes depuis de nombreuses décennies avant qu'à Chicago Eugene Fama n'en fournisse une version standard. Elle resta la seule théorie d'analyse des marchés financiers jusque dans les années 1990, quand la volatilité et l'« exubérance irrationnelle » devinrent la norme dans la finance.

**CONDENSÉ EN 3 SECONDES**

Vous croyez pouvoir deviner les variations de vos actions ? Pure utopie ! À moins que vous n'ayez des informations inconnues du marché.

**RÉFLEXION EN 3 MINUTES**

Les vingt dernières années, et principalement la crise financière de 2007 à 2009, ont ébranlé l'hypothèse du marché efficient. De nombreux experts financiers, tels que Martin Wolf du *Financial Times* à Londres, en dénoncent l'inutilité. Ses détracteurs l'accusent de ne pas prendre en compte l'aspect psychologique de la façon dont fonctionne la finance – ce que certains économistes dissidents appellent « l'instinct grégaire ».

**THÉORIES LIÉES**

Voir aussi
L'HYPOTHÈSE D'INSTABILITÉ FINANCIÈRE
page 62
L'ALÉA MORAL
page 150

**BIOGRAPHIES EN 3 SECONDES**

EUGENE FAMA
1939–

MARTIN WOLF
1946–

**TEXTE EN 30 SECONDES**

Christakis Georgiou

***« Un marché dans lequel les prix reflètent totalement et constamment toute l'information disponible est appelé « efficient ».***

**EUGENE FAMA**

*> Si vous ne recevez pas de nouvelles informations sur telle ou telle action ou obligation, il ne vous reste qu'à jouer aux dés pour savoir si elle va grimper ou dégringoler.*

# LA RECHERCHE DE RENTE

## Théorie en 30 secondes

**CONDENSÉ EN 3 SECONDES**
La performance économique est en souffrance quand des intérêts particuliers recherchent les faveurs politiques.

**RÉFLEXION EN 3 MINUTES**
On utilise principalement le concept de recherche de rente pour éclairer l'impact négatif de l'intervention gouvernementale. Pourtant, la protection qu'offre cette politique fournit parfois des sources vitales de croissance économique. Les droits d'auteur, par exemple, sont une protection essentielle pour l'innovation, qui fait partie intégrante d'une croissance rapide et durable. Les régulations environnementales offrent de vrais bénéfices, même si des intérêts contraires tentent de les faire pencher en leur faveur. Les bienfaits de l'action gouvernementale peuvent-ils donc contrebalancer les coûts potentiels de l'efficience ?

Depuis les grandes multinationales jusqu'aux groupes représentant tel ou tel mouvement, particuliers et associations font pression sur les gouvernements non seulement en vue d'obtenir le meilleur pour leurs compatriotes, mais également pour tirer la couverture à eux. Le but de ce comportement est de s'emparer de « rentes » résultant de distorsions des prix et de politiques gouvernementales. D'importantes ressources économiques disparaissent dans le processus de lobbying, parce que des groupements aux intérêts contradictoires entrent en compétition pour tenter d'influer sur les choix politiques. En réaction, même les bureaucrates n'agissent plus dans l'intérêt général ; ils se comportent de la même manière intéressée que les autres acteurs économiques et encouragent la recherche de rente. De ce fait, il existe un risque que la politique mise en œuvre pour répondre à un tel lobbying favorise des intérêts particuliers au détriment de la notion plus vaste d'intérêt public. Ce sont les personnes et organisations les plus influentes dans l'arène politique qui bénéficient le plus de ce procédé. Les voies de la croissance et de la distribution par lesquelles la performance économique pourrait s'améliorer sont ainsi entravées par la redistribution artificielle des ressources par des moyens non économiques. Donc, dans l'ensemble, un tel comportement de recherche de rente réduit l'efficience économique globale.

**THÉORIES LIÉES**
Voir aussi
LA DESTRUCTION CRÉATIVE
page 76
LA THÉORIE DU COMMERCE INTERNATIONAL
page 92

**BIOGRAPHIES EN 3 SECONDES**
GORDON TULLOCK
1922–VV

ANNE KRUEGER
1934–

**TEXTE EN 30 SECONDES**
Adam Fishwick

***« Il est normal que les particuliers investissent des ressources soit pour augmenter les revenus qu'ils perçoivent, soit pour éviter qu'ils soient redistribués ailleurs. Toutes les transactions visant à la distribution mènent donc à l'opposition directe et conflictuelle des investissements de ressources. »***
**GORDON TULLOCK**

*> Quand des groupes aux intérêts particuliers font pression sur le gouvernement pour faire pencher les décisions politiques en leur faveur, la performance économique en subit les conséquences à cause des conflits générés.*

## SOURCES


### LIVRES

Alderton (Alain), *Economics*. Causeway Press, 2006.

Brenner (Robert), *The Economics of Global Turbulence*. Verso, 2009.

Frank (Robert H.), *The Economic Naturalist*. Virgin Books, 2008.

Friedman (Milton & Rose), *La liberté du choix*. P. Belfond, 1980.

Harford (Tim), *The Undercover Economist*. Random House, 2007.

Heilbroner (Robert L.), *The Worldly Philosophers*. New York Times Inc., 1961.

Keynes (John Maynard), *Théorie générale de l'emploi, de l'intérêt et de la monnaie*. Payot, 1988.

Krugman (Paul), *The Return of Depression Economics*. W. W. Norton & Co., 2000.

Krugman (Paul) & Wells (Robin), *Economics*. Worth Publishers, 2009.

Levitt (Steven D.) & Dubner (Stephen J.) *Freakonomics*. Gallimard, 2007.

Sloman (John) & Smith (Peter), *Economics Student Workbook*. Financial Times Management, 2005.

Smith (Adam), introduction de Krueger (Alan B.), *La richesse des nations*. Flammarion, 1999.

Turner (Graham), *No Way to Run an Economy*. Pluto Press, 2009.

Wheelan (Charles), *Naked Economics*. W. W. Norton & Co., 2003.

### WEB SITES & BLOGS

*The Conscience of a Liberal*
krugman.blogs.nytimes.com
Blog de l'économiste et journaliste financier Paul Krugman.

*EconLog*
econlog.econlib.org
Blog quotidien de la Bibliothèque Économie et Liberté – chroniques de divers sujets économiques.

*Éditoriaux de Tim Harford dans le Financial Times*
www.ft.com/comment/columnists/timharford
Éditoriaux du journaliste économique Tim Harford dans le magazine britannique *Financial Times*.

*Blog de Greg Mankiw*
gregmankiw.blogspot.com/2006/04/time-inconsistency.html
Observations diverses destinées aux étudiants en économie – pour expliquer divers concepts économiques.

*Marginal Revolution*
www.marginalrevolution.com
Deux professeurs d'économie, Tyler Cowen et Alex Tababarrock, discutent des nouvelles du monde.

*Donald Marron*
dmarron.com
Rêveries sur l'économie, la finance et la vie.

*New Economics Foundation*
www.neweconomics.org
Source professionnelle de pensée alternative sur l'économie avec analyses et éclairages innovante sur les débats actuels.

*Post-Autistic Economics Network*
www.paecon.net
Base de données avec accès libre à des centaines de textes.

*Project Syndicate*
www.project-syndicate.org/contributor/66
Articles de Dan Rodrick, professeur à Harvard.

# INDEX

## REMERCIEMENTS


CRÉDITS ILLUSTRATIONS

L'éditeur souhaite remercier les personnes et organisations suivantes pour leur aimable permission de reproduire leurs images dans ce livre. S'il s'avérait que quiconque ait été omis, nous vous prions d'accepter nos excuses.

Alamy: 126 ©INTERFOTO

Corbis: 32 ©Roger Ressmeyer; 50 ©Hulton-Deutsch Collection; 110 ©Ralf-Finn Hestoft

Getty Images: 18

Jupiter Images: 74, 94, 140